Stegmann · Pause im Paradies

Markus Stegmann

Pause im Paradies

Roman

Isele

Umschlag: Thomas Design, Freiburg
Druck: AZ-Druck, Kempten
ISBN 978-3-86142-511-3
www.edition-isele.de

I Insel

1 In den Schränken der Bibliothek

Die Lagune verschiebt eine über Wasser gehaltene Unsicherheit am pastellblau gemalten Himmel. Fliegen wir, oder ankert ein Traum am Horizont? Als Ausrede nutzt sich die Zeit allmählich ab, die voller Vorstellungen ist, wie es früher war oder wie es eines Tages einmal sein könnte. Wer hat uns davon erzählt, gibt uns Brot und sagt, was wir glauben sollen? Ein paar Engel stehen mit schwirrenden Flügeln wie Kolibris vor dem schwarzen Himmel und sehen uns beim Denken zu.

Wir spazieren auf der Insel und blicken da und dort ins Meer. Es ist recht ruhig hier draussen, wir hören nur schmale Wellen ans sandige Ufer schlagen. Das brackige Wasser reflektiert blitzend das Licht. Später blättern wir im Kloster in Büchern, lesen von unbekannten Ländern und betrachten verstaubte Kunstwerke in den Treppenaufgängen und Fluren.

Doch die Insel ist im Augenblick eine Baustelle: Zäune sind aufgestellt, ein Betonmischer arbeitet im Kreuzgang, Plastikbänder sperren Teile des Gartens ab, und ein kleiner, roter Metallturm frisst in grünen Zedern. Wer vom Wasser her kommt, denkt am Schicksal der Insel weiter. In der Klosterkirche liegen weiche Teppiche ausgerollt, und ein Mönch erzählt uns von der Geschichte der Insel. Genozid und Genitalien in Gläsern eingeweckt. Wir sind weit weg vom Festland. Seine Stimme wird langsam müde, ein Hund trottet ohne Ziel durch die Kirche. Wissenschaftliche Werke über das Altertum drücken in der Bibliothek an die zerbrechlichen Scheiben der Bücherschränke, tote Käfer liegen auf den Holzregalen in der Stille. Schnell kann man hier alt werden.

Die Geschichte lässt uns nicht los von diesem Ort, zu dem der Kaffeeautomat nicht recht passen will. Unterdessen haben die Mönche den Tisch für das Abendessen gedeckt, der zunächst einsam dasteht und von uns mit seinem alten Geschirr besichtigt und besprochen wird. Wir setzen uns, betrachten die Etiketten der Weinflaschen, rätseln über die Herkunft des Weines, bilden uns eine Meinung zu den Tischgewohnheiten der Mönche und fangen an, uns zu langweilen, während einer von ihnen aus einem alten Text liest. Wir müssen wieder auf den gedeckten Tisch blicken, können gar nicht anders, als immer wieder neu hinzusehen. Plötzlich betritt ein seltsames Gefühl den Raum, setzt sich an die Stirnseite des Tisches, wartet dort und sieht uns beim Warten zu, während der Mönch immer noch den Text liest und schon wieder der Hund durch den Saal läuft, sich von dem komischen Gefühl aber nicht beeindrucken lässt. Dann weist eine Hand nach draussen, und plötzlich stürzen alle fluchtartig aus dem Saal. Schwere Marmortreppen führen nach oben, dunkle Ölbilder mit fremden Personen hängen vorwurfsvoll im Halblicht, die Bibliothek ist aus Birnenholz geschnitzt.

Draussen steht die Sonne am Himmel, und schwere, schattige Luft liegt im Keller unter dem Wasserspiegel der Lagune. Es ist klamm hier unten. Wir sind stumm, während oben Gras, Schnecken und Mäuse leben. Durch das Kellerfenster sehen wir tatsächlich ein paar Mäuse, oder vielleicht sind es junge Ratten. Es fährt ein leerer Zug in unserem Gedächtnis, dessen Einsamkeit vielleicht aus dem Keller kommt oder aus den Fässern stieg. Der Lärm von Bootsmotoren weht wie ein Phantom über die Lagune.

Nachts ist die Insel unvergänglich, das Gedächtnis arbeitet nicht, aber wo schläft der Hund? Der Turm ist tagsüber eine Grotte, doch die Nacht beisst sich abends vom Meer kommend heran, bricht ein Stück Erdkruste ab, isst sie, lässt aber zum Glück unsere schlafenden Köpfe unberührt liegen.

2 Erdbeeren im Mund

Unsere Seefahrt ging zu Ende, wir landeten auf einer fremden Insel und erkannten die Sonne am Himmel. Das Festland liegt dort drüben, die Wälder, die Häuser, die Süsswasserseen. Auf sandigen Wegen laufen Ameisen und Käfer. Himmel und Wasser sind wie Bilder von geflochtenen Kordeln umrahmt. Papier und Plastiktüten fegen mit dem Wind durch den Garten, und matte Farben strahlen von der Vergangenheit ab.

Es ist Sommer, und die Mönche spazieren langsam über die Insel. Sandwege verzweigen sich, Rosen blühen, schwarzes Holz sammelt sich nass am Ufer, und Boote schlafen im Schatten. Das Dröhnen eines Helikopters dringt über die Lagune bis ins Gebirge, das am Rand des Wassers aufragt und mit Wolken belegt ist. Taubenfarben wächst ein Abend heran. Wir tragen Wälder im Kopf und vermuten trockenes Laub auf dem Festland weiter südwestlich. Die Eicheln schmecken salzig, Wasser treibt in unserem Kopf, leichter Wind weht übers Meer, unsere Augen ankern am Horizont. Die Inseln sind schmale Lippen, als sei Sand unbestimmbar lang aus Schubladen gerieselt. Heckenrosen ranken über steinerne Gesichter, und der warme Abend beginnt, die Konturen zu verwischen.

Im Morgengrauen verladen Männer grosse Kisten. Geräusche sind in der Minderheit. Aus unserem Schlafzimmer wird Wasser fortgetragen. Ohne Ankündigung und Abschied verschwinden die Mönche bei Sonnenaufgang.

Als es etwas wärmer wird, betrachten wir die Reben am Haus und rollen Fässer in den Keller. Langsamkeit findet auf die Insel und geht mit jedem von uns spazieren. Gemalte Landschaften verlassen die Berge und wandern in die Wälder. Wind frischt auf, Essen kommt auf den Tisch. Wir dürfen nicht sprechen, dürfen nicht denken, während Meerwasser leise ans Ufer der Insel schlägt.

Kühles Klima herrscht im Keller, wo wir uns in Sicherheit befinden, während oben Zweige im Gewitter aufeinander schlagen. Die Erinnerung schmeckt nach Meer. Gegen den Herbst hin wächst Schilf im Wald, die Nacht regnet sich aus, und Äpfel leuchten am anderen Morgen. Mundgeblasene Insekten landen auf Blumen und geben den Honig an die Nacht zurück. Wir suchen den Sommer auf den Feldern. Jungfische strömen um die Mole, ein schmaler Geruch ohne Entwicklung. Wir pflanzen Mandelbäume im hinteren, meerabgewandten Teil des Gartens.

Die Tage wandern allmählich in den Spätsommer ab. Die Ränder der Insel fangen zu brennen an, es stehen Rauchsäulen am Horizont. Im Gebirge fällt Schnee, aus einer Hecke trinkt jemand Schmelzwasser. Zitronen sind die Bojen militärischer Geleitzüge. Die Lagune treibt Wasser vor sich her, und im silbernen Wellengang kehrt sich die Landschaft um. Wir stehen aus Stein gehauen über die Insel verteilt. Glockenschläge fallen wie Blei vom Turm, der Schall verlangsamt sich beim Gehen, das Blut hat sich verdickt, der Hund verbeisst sich in ein Holz.

Die Mönche kehren plötzlich wieder zurück, laden Fässer aus und rollen sie in den Keller, der im letzten Krieg eine Rolle spielte und dann vergessen ging. Politisch existiert die Insel nicht mehr, aber die Zitronen wachsen gut. Dann beginnen ein paar Mönche, im Garten zu arbeiten, andere tragen schwarze Gläser herum, keiner ahnt etwas oder weiss warum. Es gibt einen Raum, da hängen alte Laternen, dort riecht es nach Gewürzen, die Luft ist trocken, Bilder haben einen goldenen Rahmen und sind fast nicht mehr zu erkennen, weil sie schwarz wurden im Laufe der Jahre. Ein weisser Hund wächst aus den Beeten hinter dem Haus hervor. Sellerie und Dill tarnen und würzen das Tier, das freundlich uns anblickt, sich etwas denkt und dann wegspringt in den Keller. Um den Gewölbemund herum wuchern Kraut und dorniges Gebüsch.

Wir fahren mit einem Kleinbus durch die Berge und gehen bald darauf verloren. Ein Priester giesst uns Wasser in ein Glas. Wir sehen grosse Vögel am Himmel. Auf den Berghängen weiden kleine Schafe, als wir schlafen.

Andere Tage und Nächte kommen. Dazwischen schwappt die See an steinige Ufer, löscht die alten Tage, salzt die Zukunft, von der niemand weiss, ob sie aus dem Meer kommen oder von den Bergen herabsteigen wird.

Wir wandern. Der September ist ein Wasserfall, in den Bergen regnet es, am Abend verwandelt sich das Wasser, und aus dem treuen Hund ist längst ein scheues Wild geworden. Wie ein schweres Gefühl liegt der Abend da, der gar nicht mehr fortgehen will, der sich heute in unserem Inneren einschliesst, und wenn er doch einmal geht, dann nur, weil er einen anderen Abend nach sich weiss.

3 Wir wären auch gern Vögel

An einem neuen Morgen sehen wir Kriegsschiffe an der Insel vorbeifahren, Fischschwärme fliehen, und die Sonne schläft langsam ein. Jemand sagt, wir sollen im Garten arbeiten, aber wir sind keine Gärtner. Woher sollen wir wissen, was man im Garten anbauen, welches Gewächs man jäten und welches pflegen soll? Es ist auch niemand da, der uns Genaueres erklärt, die Mönche sind wieder verschwunden. Sogar die Küchenhilfe macht sich einen lustigen Tag, anstatt uns zu versorgen. Nach dem Frühstück steigt sie in ein Boot, winkt uns zu, dreht den Motor auf Vollgas und setzt sich aufs Festland ab.

Missliche Verhältnisse auf der Insel. Wir hätten gern die alte Ordnung wieder, damit wir sicher sind, dass alles funktioniert, damit wir wissen, wie es mit uns weitergeht am Nachmittag, und was am Abend aus uns werden soll. So steckt in allem eine Unsicherheit, die Zeit fliesst einfach fort, ohne dass wir einen vernünftigen Plan für den Tag haben. Es ist auch niemand da, bei dem wir uns erkundigen könnten, ausser beim Hund, aber der spricht nicht mit uns, obwohl er die Gewohnheiten der Mönche ganz genau kennt, wie auch die Örtlichkeiten des Klosters, geradezu einen Klosterbauplan in seinem Gehirn mit sich herumträgt und ihn jederzeit in der Praxis anwenden kann. Das haben wir immer wieder beobachtet und seitdem dieses Tier geachtet, was ihm aufgefallen sein muss, weil es uns freundlicher behandelt.

Motorengeräusche wehen über die Wasserfläche. Manchmal ist das betreffende Boot auszumachen, manchmal dröhnt nur ein diffuses Geräusch ohne Boot, das man sich dazu vorstellen kann, vorstellen muss, will man sich überhaupt eine Vorstellung von dem bilden, was einen umgibt, eine unüberschaubare Menge von Dingen, nicht nur Motoren, sondern auch Vögel, die auf der Insel zwischenlanden, im Garten herumlaufen, Gewächse anpicken oder an den Früchten knabbern und dann wieder weiterfliegen, ohne sich einer Schuld bewusst zu sein. So ein Vogel wollen wir auch einmal sein: einfach von irgendwoher kommend landen, von diesem und jenem kosten, fressen, soviel man mag, sich frei von Schuld dabei fühlen, ganz zufrieden sein, rundherum sorglos und guter Dinge, viele andere Inseln auch noch kennen – es gibt unzählige in der Lagune – vor lauter Möglichkeiten gar nicht wissen, wo als nächstes hinfliegen, einfach mal aufs Geratewohl und nach Gutdünken weitersegeln, bei günstiger Thermik noch nicht einmal selbst fliegen müssen, sich nur treiben lassen, die günstigen Winde für die eigenen Zwecke nutzen und sich von niemandem sagen lassen müssen, was zu tun oder zu lassen sei, was man längst schon einmal hätte unternehmen oder besser gar nicht erst hätte anfangen sollen. So ein Vogel wären wir auch gern, jedenfalls an diesem Vormittag, der zwar heiter wie immer, aber für uns ohne äussere Orientierung und innere Ordnung abläuft.

Eine Vorstellung vom Vogel haben wir uns inzwischen halbwegs bilden können, was uns jedoch innerlich nicht sonderlich stärkte, sondern nur auf die Vögel hat neidisch werden lassen. Hätten wir uns aber keine Vorstellung gebildet, wären wir dumm, was wir auch nicht sein wollen. Niemand will dumm sein. Nein, lieber neidisch als dumm, denn den Neid können wir, wenn es sein muss, verheimlichen, während man uns die Dummheit im Gesicht ansähe, was für unsere Beurteilung in der Öffentlichkeit ungünstig ausfiele, denn dumme Leute gelten nichts, sind zu nichts zu gebrauchen, ausser zum Kartoffeln Schälen in der Küche. Wir müssten der Küchenhilfe helfen, was wir aber nicht wollen, das ist klar; niemand will freiwillig Helfer der Küchenhilfe sein, denn man müsste die niedrigsten Arbeiten erledigen, die man sich vorstellen kann, den schlimmsten Dreck wegputzen, ohne sich dagegen wehren zu können, allen Befehlen ausgesetzt, selbst unmenschlichen Handlungen schutzlos ausgeliefert. Das halten wir für eine Gemeinheit, für eine nicht vertretbare Ungerechtigkeit, deshalb sind wir lieber heimlich neidisch.

Ausserdem haben uns die Mönche einmal gesagt, dass Neid durch Busse vergeben werden könne, während man die Dummheit aus den Leuten nicht herausbekomme. Daher sind wir bussfertig neidisch und achten die Mönche, die eine geistige Nähe zum Jenseits haben und daher mehr wissen als wir, die wir die geistige Nähe nicht recht spüren, sie uns bestenfalls einbilden oder einreden können, was aber nicht mit der geistigen Nähe der Mönche zu vergleichen ist. So verstreicht der Tag mit Ängsten, wo die Mönche wohl geblieben sind, und ob sie hoffentlich bald zurückkehren möchten, um die alte Ordnung wiederherzustellen.

Im Garten sind wir aus den genannten Gründen nicht tätig geworden, obwohl wir ihn immer wieder aufmerksam betrachteten und versuchten, uns eine Vorstellung zu bilden, wie mit ihm produktiv zu verfahren sei. Als sich Durst- und

Hungergefühle bemerkbar machen, ernten wir Äpfel und finden Wein im Keller. Mit der Nacht kommt schliesslich ein Boot, mit dem Boot nahen die Mönche, und mit den Mönchen kehren Stabilität, Sicherheit und Vertrauen wieder zurück. Wir sind froh und erleichtert, auch wenn uns die Mönche zur Busse rufen: Warum der Garten nicht gepflegt und stattdessen vom besten Wein getrunken worden sei, wollen sie wissen. Bei dieser Gelegenheit beichten wir unseren Neid auf die Vögel und gehen erleichtert an die Abendtafel. Gütig, wie die Mönche sind, sehen sie über die auffallende Abwesenheit der Küchenhilfe hinweg und bereiten das Essen zu, während wir geduldig warten und ein Gebet sprechen. Es wird aufgetischt, ein Mönch rezitiert die üblichen Schriften, wir werden satt, sind frei von Schuld wie die Vögel, zumindest jetzt, bis wir zum Beten in die kalte Kirche geschickt werden, obwohl wir gerade erst gebetet haben.

Die Nacht ist längst eingefallen. Draussen bilden Marder zuerst eine sitzende Gemeinschaft, rennen dann in einer Kolonne den Garten herunter und wieder herauf, machen Männchen und gehen auf Patrouille. Ein Mönch steht in der Bibliothek am Fenster, eine Kerze flackert im Hintergrund, das Gesicht verschattet, das Seelenleben als Friedhof empfunden, die Marder gesehen und sie als Boten des Untergangs gedeutet. Wir folgen ihm wie magnetisch angezogen in die Kapelle, wo er die Vergangenheit deutet und etwas über die Gestalt der Zeit philosophiert, das wir in seiner Komplexität aber leider nicht verstehen. Wir schlafen ein und werden am anderen Morgen von der Küchenhilfe bei der Kapellenreinigung aufgefunden. Es ist schon halb neun, das Frühstück verschlafen, den nächsten Tag ungünstig begonnen.

4 Nagerplage

Wühlmäuse vermehren sich auf der Insel. Leute mit Fallen werden gerufen, besprechen die besten Fangplätze, testen Fallenmodelle, erzählen den Mönchen von ihren Erfolgen auf dem Festland, wie viele Wühlmäuse sie mit welchen Fallen, bei welchen Witterungsbedingungen, Gartenstrukturen und sonstigen Rahmenbedingungen gefangen hätten. Nicht nur seien immer wieder Wühlmäuse das Problem, sondern auch andere Nager würden sich von Zeit zu Zeit ungebührlich vermehren und für unabsehbare Schäden sorgen. Dies sei Klimaverschiebungen zuzuschreiben, die für bestimmte Insektenarten besonders günstige Lebens-, vor allem aber Fortpflanzungsbedingungen schaffen würden, was eine unmittelbare Vermehrung ungewünschter Nager zur Folge habe. Die Leute mit den Fallen sind trotz steigender Temperaturen mit Eifer bei der Arbeit, reden, laufen den Garten herauf und herunter, schlagen Stangen ein, peilen durch Geräte, messen den Wind, entnehmen Bodenproben mit motorbetriebenen Bohraggregaten, die das spärliche Inselgras zerdrücken und überall ihre Raupenspuren hinterlassen.

Die Mönche schauen von der Bibliothek aus zu. Wir sehen sie hinter den spiegelnden Fenstern, wir kennen die heimlichen Beobachtungsmöglichkeiten des Klosters und die Gepflogenheiten der Mönche, Fremde eine Zeitlang zum Schutz der Insel und des Klosters im Auge zu behalten.

Die Fallensteller nehmen ihre Mahlzeiten ein, essen mitgebrachte Würste und vergraben heimlich das Einwickelpapier gemeinsam mit den Fallen. Am Ende des Tages erklären sie, dass die Lage eine schwierige und unübersichtliche sei, was mit der komplizierten Gebäudestruktur des Klosters zusammenhänge und mit den geologischen Gegebenheiten, die eine gewöhnliche Fallenanwendung nicht erlaubten.

Am anderen Tag kommen sie wieder und untersuchen das Gelände erneut: Bodenproben, Vermessungen, Einwickelpapier und Fallen vergraben. So geht es Tag für Tag. Wir sehen zu und können nichts dagegen tun. Auch die Mönche beobachten die Fallenleute täglich von der Bibliothek aus und wissen kein Rezept, um sie wieder loszuwerden. Währenddessen nimmt der Wühlmausbefall kein Ende. Damit nicht genug: Es setzt auch noch eine Rattenplage ein, die sich vor allem abends und nachts beobachten lässt, weil die Ratten die Essensreste der Fallenleute aus der Erde graben.

Nach und nach nimmt das Rattenaufkommen zu und die Tätigkeit der Wühlmäuse ab. Der eine Nager scheint den anderen zu verdrängen. Oder wirken jetzt die Fallen? Die Fallensteller melden die Abnahme der Wühlmauspopulation als Erfolg und begründen die Ratten mit dem heissen Sommer. Dann nimmt unerwartet die Zahl der Fallenleute von Mal zu Mal ab. Wir staunen und beobachten eine nahezu gleichzeitige Abnahme der Ratten, können uns aber weder einen Zusammenhang noch einen Grund dafür erklären. Die Mönche haben uns nie erzählt, ob sie Ursachen und Gründe kennen. Nach weiterer Zeit sind die Ratten verschwunden und mit ihnen auch die letzten Spuren der Fallensteller.

5 Flugsaurier

Sieben Tage nach der Vertreibung der letzten Nager liegt um die Insel weisser Meeresschaum, kreisen Flugsaurier über den Klosterschornsteinen in steilen Kurven. Wir stehen unten und schauen ihnen erschrocken zu, wie sie Feuer in den schwarzen Himmel speien.

Wir haben am Abend Grünewald zu Gast an unserer Tafel, während einer der Drachen aus den Schriften rezitiert und niemand weiss, wie man mit den Ungeheuern am besten umgehen soll, ob vielleicht mit Wasser das Feuer gelöscht und der Frieden wiederhergestellt werden kann. Sie erzählen von schwarzen, tropfenden Tannen im Donautal, das sich seit Albrecht Altdorfer nicht verändert habe, aber wer kann das von hier aus überprüfen? Das Elend bricht dem Hund aus dem Maul, der sich gern für das Kloster und die Insel gewehrt hätte, aber jetzt ungefragt zu Kompott geredet und an die Wand genagelt wird. Dabei hat er den Flugsauriern gestern Kastanien gereicht und historisch verbürgte Heiligenlegenden deklamiert, die ihm die Mönche mühsam beigebracht hatten.

Tags zuvor verliessen die meisten Mönche die Insel. Kriegsschiffe seien das Gehirn der Flugsaurier, riefen sie uns noch warnend nach. Es sei eine ungemütliche Zeit, man müsse sich in die Berge zurückziehen. Zum Schutz der Insel vor Plünderern schickten sie schlecht bezahlte Helfer, die mit den Flugdrachen ihre liebe Mühe haben.

Manchmal landet einer der Drachen auf dem Grill, manchmal einer der Helfer. Das neutralisiert sich und hält sich auf seltsame Weise die Waage.

Blühender Lavendel ist das Aroma dieser Tage. Sein Geruch ist der Geruch des Schicksals der Insel. Sein Bild prägt sich uns als Metapher für die Erosion der Machtverhältnisse ein, mitsamt der Überfülle an Insekten, die um die Lavendelstöcke kreisen, in die Blüten hineinkriechen, Nektar gewinnen und zur nächsten Insel weiterschwirren. Jeden Tag landen neue Flugsaurier, jeden Tag versuchen wir, das Feuer zu löschen, jeden Tag folgt das rohe Grillen am Abend. Es riecht nach geröstetem Fleisch. Es riecht eigentlich nicht schlecht, alle werden satt, auch der Hund. So vergeht die Zeit.

6 Flinte auf dem Tisch, Rosen im Regal

Es liegt eine Flinte auf dem Tisch, es liegen Rosen im Regal, und ein tropischer Mond wächst aus dem Klostergarten. Woher kommt die Flinte, fragen wir. Niemand weiss etwas, keiner hat Lust, etwas zu wissen, niemand will sprechen. Warum will keiner sprechen? Es sei zu warm, heisst es. Hitze ist nicht gut zum Denken, meint die Küchenhilfe, die die Flinte entdeckte. Essen wir etwas, trinken wir was Rechtes, lassen wir die Flinte liegen, wie sie liegt, dann kann uns keiner Vorwürfe machen, uns nachher etwas anhängen, sagt die Küchenhilfe. Sie serviert ein Abendessen, schenkt Wein ein und deutet auf den Tropenmond, der in dieser heissen Nacht neben den Palmen im Garten blüht.

7 Inselbaustellen

Es werden Rohre verlegt, Bagger graben im Boden, Arbeiter laufen auf der Insel herum. Die Stimmung ist geschäftiger als sonst, doch die Bibliothek schweigt wie immer. Der an- und ablegende Bootsverkehr hat zugenommen: Bauboote, Arbeiterboote, Material- und Maschinenboote, Munitionsboote. Die Arbeiter laden zwischendurch graue Holzkisten aus, verfrachten sie mit metallbeschlagenen Wagen in die entlegenen Keller des Klosters, wo selten jemand hingeht. Einige wieder zurückgekehrte Mönche beobachten aus sicheren Verstecken, was auf der Insel vor sich geht. Doch an ein stilles Gebet in der Kirche ist wegen des Baulärms nicht zu denken.

Gräben durchziehen die Insel, Mutterboden liegt aufgerissen herum, Bodenproben werden entnommen. An mehreren Orten wird gleichzeitig gearbeitet. Manchmal hat es den Anschein, als würden eines Tages alle Baustellen zu einem grossen System zusammenwachsen.

Dann bleibt plötzlich alles liegen und stehen. Nach einem Regen beginnt Unkraut, aus der frischen Erde zu keimen. Es breiten sich Pflanzenarten aus, die uns auf der Insel bisher nicht aufgefallen sind. Einige Gräben werden wieder zugeschüttet, andere bleiben, wie sie sind, so dass schnellwachsende Pflanzenarten bald aus den Gräben wuchern.

Die verstreichende Zeit wird an den Erd- und Pflanzenveränderungen ablesbar. Die Mönche haben mittlerweile ihre Beobachtungstätigkeit stark eingeschränkt, nur noch die jüngsten sind auf Posten und müssen am Abend den älteren rapportieren, die sich für das plötzliche Ende der Bautätigkeiten nicht interessieren, sondern wieder ihrer Lieblingsbeschäftigung nachgehen, in langjähriger Forschung die Geschichte der Insel zu schreiben, um die Bedeutung dieses Bodens zu belegen. Ausgerechnet in diesem Boden werde gegraben, berichten die jungen Mönche, aber die alten sehen und hören nichts.

8 Woher kommt das Pferd und wozu ist es da?

Als sei der Himmel heute morgen mit Milch gemalt, geht die Sonne über der Insel auf. Die Milch in den Kannen sieht gut aus, trotz der Fliegen in der Stube, die nervöse Unruhe verbreiten. Woher kommt die Milch? Es kam kein Boot heute morgen, es kam schon seit Tagen kein Boot mehr. Ohne Boot kommt nichts und niemand auf die Insel, auch keine Milch. Wir sind einsam, fühlen uns verlassen, weshalb uns ein paar Kannen Milch schon als Himmel erscheinen.

Von den Kühen, erzählen die Mönche, von den Inselkühen komme die Milch. Wir wussten nicht, dass es Kühe auf der Insel gibt. Auch ein Pferd läuft irgendwo frei herum, berichtet die Küchenhilfe. Wofür braucht es auf der Insel ein Pferd, wollen wir wissen. Es braucht überhaupt kein

Pferd. Ein Pferd ist auf der Insel zu nichts zu gebrauchen, trotzdem gibt es ein Pferd. Wenn ihr das Pferd einmal seht, wisst ihr, dass sich die Frage nach dem Sinn des Pferds gar nicht stellt. Das Pferd ist einfach da, auch wenn niemand weiss, woher es kam und wie lange es auf der Insel bleiben wird.

Ausgegangen waren wir von Milch in Kannen. Wir wollen zuerst die Kühe und dann das Pferd sehen. Das ist ganz einfach, sagen die Mönche, geht auf der Insel spazieren, und ihr findet die Tiere. In welche Richtung sollen wir gehen, fragen wir, denn wir wollen die Kühe und das Pferd ohne grosse Umwege finden. Geht irgendwo spazieren, und ihr findet die Kühe und wenig später auch das Pferd, eine der typischen Antworten der Mönche, die sich in praktischen Dingen nicht festlegen wollen, weil sich ihnen die lebensnahen Fragen immer in einem übergeordneten, geistigen Sinn stellen.

Wir gehen also auf der Insel spazieren, verlassen den Garten, durchwandern die nähere Gegend um das Kloster, kommen an einigen aufgegebenen Baustellen vorbei, müssen an die Misere mit den Bauarbeitern und den Fallenstellern denken und laufen weiter.

Die Insel wird hügelig. Wir wandern sandige Anhöhen hinauf und wieder hinunter, gelangen in ein lichtes Wäldchen, das hauptsächlich aus niederen Eichen besteht, kommen in ein anderes Wäldchen und finden dort zwischen den Bäumen verstreut, ganz entgegen unserer Erwartung, einige Kühe. Zuerst vermuten wir Rehe wegen der braunen Felle. Dann merken wir, dass es sich um ganz normale Kühe handelt. Wie kommen Kühe auf die Insel, fühlen sie sich wohl zwischen den stacheligen Bäumen, finden sie genügend Futter, oder müssen sie nachgefüttert werden? Wie geht es ihnen im Winter, und wer kommt, um sie zu melken? Eine der Kühe ist zutraulich, sie ist ein schönes Tier, ein gesundes Geschöpf, gar nicht krank oder sonst unappetitlich. Auch die Augen sehen wach und konzentriert aus. Alles in Ordnung, scheint uns, auch die anderen Kühe, die weniger zutraulichen, etwas scheuen, in ähnlich gutem Zustand. Aber das Pferd, wo ist das Pferd?

Wir laufen weiter durch den Wald, der grösser ist, als wir ihn uns bislang vorgestellt haben, finden sogar hier draussen noch gelegentlich eine Baustelle, überwachsen mit unbekanntem Kraut, ohne Baumaschinen, ohne Baustellenabschrankungen. Wir klettern in die grösste der Waldbaustellen, entdecken an der tiefsten Stelle eine archäologische Brandschicht, bohren mit Stöcken darin herum und kratzen schliesslich ein paar Scherben heraus, die uns aber nichts weiter sagen. Es ist uns nicht klar, was hier draussen gebaut wurde, ob Rohre verlegt, Bodenproben entnommen, Grabungen durchgeführt oder Fundamente errichtet werden sollten.

In einer anderen aufgegebenen Baustelle stehen zwei Kühe und fressen eine Pflanzenart, die wir nicht kennen und auch beim Nähertreten nicht bestimmen können.

Die Kuhfladen in den Baustellen schaffen neue Möglichkeiten für die Gegend. Die Milch von heute morgen ist weit weg hier draussen. Wir trinken Tee aus unseren Feldflaschen, die mit grauem Filz umhüllt sind. Jemand hat uns erzählt, dass der Filz den Tee kühle, aber wir können das nicht überprüfen. Milch wäre uns lieber, vor allem kalte Milch aus dem Kühlschrank oder ein kühles Milchnebenprodukt, zum Beispiel ein Naturjoghurt ohne Zucker und künstliche Aromen. Stattdessen Tee aus der Filzfeldflasche. Einige von uns verschütten ihn beim Trinken, verkleckern ihr Hemd, verkleben sich den Hals – und das bei dieser Hitze.

Die Mönche haben uns die Taschen mit Äpfeln vollgestopft. Links und rechts zeigt unsere Kleidung lächerliche, unmodische Apfelbeulen. Zum Glück sind wir bisher niemandem begegnet, sonst wäre uns das peinlich gewesen, und wir hätten uns erklären müssen, was wir nicht gekonnt hätten, weil wir im Erklären ungeschickt und rhetorisch nicht geschult sind. So hätten uns einige Äpfel, zumal in ungünstiger Kombination mit den Filzfeldflaschen, leicht zu hilflosen Gestalten gemacht, nur weil wir uns am Morgen nicht gegen die Mönche gewehrt haben. Die Apfelbutzen essen wir nicht, weil uns die Äpfel sowieso nicht schmecken. Deswegen schmeissen wir die Apfelbutzen ohne schlechtes Gewissen in die Gegend.

Wo ist das Pferd? Wie sollen wir ein einzelnes Pferd auf einer Insel finden, die offenbar wesentlich grösser ist, als wir bis vor kurzer Zeit angenommen haben, deren tatsächliche Ausdehnung sich uns wahrscheinlich immer noch nicht erschlossen hat? Wir könnten uns aufteilen, schlägt jemand von uns vor, könnten wie die Polizei eine Kette bilden und dann systematisch alles abkämmen. Weil wir uns jedoch nicht einigen können und im organisatorischen Bereich ohnehin nicht sonderlich stark sind, bleiben wir als lockerer Haufen zusammen.

Nach einigen Stunden erklimmen wir eine Düne und entdecken unerwartet das Pferd einsam am Meer. Da steht es im Gegenlicht wie angewachsen am sandigen Ufer und sieht den Wellen zu. Wir schauen zuerst auf das Pferd und dann auf die Wellen. Die innere Unruhe und die Notwendigkeit der Tiersuche fallen von uns ab. Wie das Pferd stehen alle von uns am Ufer und schauen auf die Wellen. Niemand hat mehr eine Frage, wundert sich über etwas oder verspürt einen Hunger, eine Peinlichkeit oder ein Minderwertigkeitsgefühl. Wir fühlen uns frei wie das Pferd und wollen nicht mehr heim zu den Mönchen.

9 Alle müssen einmal eine Hütte bauen

Nach einigen Tagen wandern wir wieder an die Stelle, wo wir das Pferd fanden, eine der schönsten und einsamsten

Buchten der Insel. Die Pflanzen sind eigenwillig hier draussen, die Farben intensiver als anderswo, und das Meer liegt unberührter da. Unweit dieser Stelle laufen wir auf und ab, innerlich erneut das Pferd suchend, das aber nicht mehr dort ist, was uns auch gewundert hätte, denn ein Pferd ist in seinem Kern ein unabhängiges Tier, das seine eigenen Anschauungen hat und niemandem Gefolgschaft schuldet, zumal es gar nicht wissen kann, dass wir heute wieder in diese Gegend kommen, um es zu finden.

Wir gelangen ans Meer, setzen uns auf einen Felsen, neben dem kleine Kiefern wurzeln, und lassen den Blick aufs Wasser schweifen, das widerstandslos in unsere Augen eindringt.

Die Vögel fliegen tiefer als gestern, wir können sie fast mit Händen greifen. Von den Mönchen blieben nur einige ältere auf der Insel zurück. Die anderen mussten auf das Festland, um geistige Arbeit zu leisten, wie uns gesagt wird. Wir wollten nicht näher fragen, weshalb wir nur soviel wissen, dass die Insel in nächster Zeit nur noch von einigen alten Mönchen und uns bewohnt bleiben würde.

Während wir die morgendliche, uns unverständliche Abwanderung der Mönche bedenken und uns zu diesem Vorgang eine Meinung bilden möchten, entdecken wir Erstaunliches: Am Ufer bauen zwei fremde Männer eine Hütte. Weiter entfernt, aufs trockene Land gezogen, liegt ein kleines Boot, daneben befinden sich einige Kisten und anderes Gepäck. Wir gehen hinter dem Ufergras in Deckung und beobachten die Männer, die mit müden Bewegungen an der Hütte bauen. Wir wissen nicht, wie wir uns verhalten sollen. Da wir unsere Handys im Kloster vergessen haben, können wir die alten Mönche nicht erreichen, um ihren Rat einzuholen. Aber fortschleichen, als hätten wir nichts gesehen, ist uns auch nicht möglich, dazu ist die Lage zu aussergewöhnlich. Wir liegen lange im Ufergras, dörren in der Sonne, schmoren in der schwülen Hitze und wissen nicht, was tun. Auf dem Meer liegt ein schales Licht, vom Pferd fehlt jede Spur. Die Schritte der Männer werden schwerer. Schliesslich sitzen auch sie am Boden, allerdings, anders als wir, im Schatten der Hütte. Lange passiert nichts, ein unsichtbares Patt. Wir sitzen da, die Männer sitzen da, und niemand bewegt sich.

Wir überlegen, was sinnvollerweise zu tun sei, leider fällt uns aber nichts Vernünftiges ein. Als der Nachmittag sich neigt, verständigen wir uns darauf, nach Hause ins Kloster zurückzukehren.

Wir erzählen den Mönchen, dass wir zwei Leute beim Hüttenbau beobachtet hätten. Was ist zu tun, wie sollen wir uns verhalten, fragen wir. Jeder darf auf der Insel eine Hütte bauen, antworten die Mönche. Was geschieht, wenn immer mehr Männer kommen, wovon sollen sie leben, was wird aus der Insel, und was wird dann aus uns? Wir können uns die Folgen gar nicht ausmalen. Es ist alles ein Kommen und Gehen, meinen die Mönche.

Am anderen Tag begegnen sich die Mönche und die Männer. Wir sind auch dabei, bleiben aber ein paar Meter zurück. Bald stellt sich heraus, dass die Männer aus der westlichen Zivilisation kommen, dass äussere Faktoren sie veranlassten, ihre bisherige Umgebung zu verlassen und sie schliesslich keine bessere Idee hatten, als mit dem Rest ihrer Habe auf diese Insel zu gelangen. Wir folgen dem Gespräch, auch wenn wir nicht alles richtig einordnen können. Stattdessen bleiben wir an den Gesichtern hängen, in die sich Falten eingeschrieben haben. Wir verstehen nicht, was das Alter ist, wie es sich anfühlt und wie man damit am besten umgehen muss.

Die Mönche kommen zur Auffassung, dass die Männer pflegebedürftig seien und im Kloster von uns versorgt werden müssten. Es ergibt sich eine gemeinsame Wanderung zurück ins Kloster. Zwischendurch müssen wir die Männer stützen, was für uns nicht einfach ist, weil wir nicht gerade stabil auf den Beinen stehen, geschwächt vom Tag, der uns zusetzte. Wir haben in unseren Filzfeldflaschen noch genügend Tee und reichlich Äpfel in den Taschen, weshalb unterwegs wenigstens niemand hungern und dursten muss.

Im Kloster findet sich schnell ein geeigneter Raum, in dem wir die Männer einquartieren. Abends führen wir sie ins Refektorium, wo sie an der langen Tafel Platz nehmen, die trotzdem leer wirkt, weil die meisten Mönche zur geistigen Arbeit auf das Festland gingen. Die Küchenhilfe hat sich aufgrund der besonderen Situation Mühe gegeben und ein herzhaftes Wildschweingulasch zubereitet. Nach dem Essen werden die Männer zum Gebet in die Kirche gerufen und danach zur Busse.

Am nächsten Tag erzählen sie aus ihrem Leben und begründen, warum ihnen der Hüttenbau als die beste aller Möglichkeiten erschienen sei. Nach einer Woche erzählen sie nichts mehr aus ihrem Leben. Nach einer weiteren Woche verlassen sie ohne Ankündigung die Insel.

II Festland

Durch die Maisfelder im Tal strömen Wellen. Wind hängt schwer in den Bäumen und wirft den Fluss von einer Seite auf die andere. Ufergerüche ziehen der Wasserfläche entlang, wo manch komisches Kraut blüht, sich Kraft aus dem Fluss saugt und Äste weit auf die Wasseroberfläche hinausragen.

Zwei Leute fragen uns etwas, aber wir verstehen sie nicht. Wir bemerken auffallend grosse Zähne in den Mündern der beiden Bauern, die ihre Felder auf eine uns unbekannte Art bewirtschaften, Maschinen bedienen, die sonderbar aussehen. Ob das Tabak ist, fragen wir uns.

Im Fernsehen wird ein Unwetter übertragen, sehen wir kleine, regional auftretende Tornados, die das Gleichgewicht des Sommers für kurze Zeit ausser Kraft setzen.

Am Wasser findet jeder Menschenkopf eine ruhige Stelle zum Leben und kann an der Oberfläche des Flusses eine Zeitlang für sich allein sein. Wo sind wir? Ist das noch unsere Insel? Oder befinden wir uns auf dem Festland? Ungewissheit irrt mit uns herum, eine Landschaft ausserhalb unserer Erfahrung bildet sich ab, rau, einsam, aber nicht ohne schöne Orte zum Ruhen.

Es fängt an zu regnen, ein Wolkenbruch peitscht seitlich auf unsere Autos ein, taucht das gegenüberliegende Ufer in Unschärfe, schickt es ins Ungreifbare, lässt uns allein mit Sturm und Kraut. Wir freuen uns über die Trockenheit in den Autos. Hier drin ist es gemütlich. Wir können gut eine Zeitlang mit den Autoarmaturen zusammenleben. Das macht uns nichts aus. Jeder hat einen Autositz für sich allein. Das ist angenehm und genügt.

11 Welche Zeit ist das?

Im Tal sitzen Leute vor Zelten. Die Bewässerung der Felder folgt den Vogelstimmen. Die Hellebarden und das Korn stammen aus einer anderen Zeit.

Ein Mann mit Bart verkauft Honig. Nebenan sitzt ein anderer mit kleinen Erdbeeren. Ein buntes Kommen und Gehen auf dem Markt regionaler Produkte am Fluss, fremde Früchte und Personen, die wir noch nie gesehen haben, wo und warum auch? Wir sehen sie hier und dann wohl nie mehr wieder, in unserem ganzen folgenden Leben wahrscheinlich nicht mehr.

Einige Gebäude besitzen kleine Seitentürme mit Pyramidendächern. Es sollen früher einmal Häuser für Tauben gewesen sein. Ginster und Steine eine Autostunde weiter, wo sind wir? Wir kamen von einer Insel, soweit erinnern wir uns. Hier gibt es aber kein Inselgefühl mehr, Buchsbewuchs der Strasse entlang, Felder kürzlich gemäht, die Steine liegen da wie vor fünfzig Jahren. Das Tal befindet sich in einem Zeitfenster ausserhalb unserer Epoche, damit wir uns eine Vorstellung bilden können, eine Empfindung bekommen von der früheren Zeit, von der die Rede ist, immer die Rede war, solange unsere Eltern noch lebten und unsere Onkel und Tanten und all die anderen Leute, die jetzt nicht mehr da sind, und niemand weiss, wohin sie gegangen sind. Die frühere Zeit könnte sich vielleicht so wie diese hier angefühlt haben. Wir können das nicht überprüfen, aber wir haben das Gefühl, in ein Zeitloch gefallen zu sein.

Eine Erdbeere zergeht im Mund, ein bisschen Strohgeruch weht heran, im Wald weiden Schafe. Wir wissen nicht, was wir als Nächstes tun sollen. Wir bauen Zelte auf, rollen Schlafsäcke aus, machen den Gasgrill bereit, braten Trutenschnitzel, legen ein paar Scheiben Zucchini dazu, trinken Wein der Gegend, finden ihn angenehm, essen Ziegenkäse dazu, der uns ebenfalls nicht schlecht mundet. Wir sitzen ausserhalb der Zelte, wissen aber, dass wir bald dort hinein müssen, obwohl wir das gar nicht wollen. Nein, wir wollen lieber noch etwas in dieser alten Zeit sitzen, die weit von unserer Zeit entfernt ist oder zumindest entfernt zu sein vorgibt. Trotzdem können wir jetzt darin leben. Seltsam. Aber warum sollen wir uns gegen die alte Zeit wehren, wenn sie schon einmal da ist?

In der Höhle gibt es weisse Pferde mit Punkten, Hände an den Wänden, immer dieselbe Temperatur und viel zu viele von uns. Wir wissen nicht, welche Zeit die Zeit der weissen Pferde ist. Die Höhle macht die Frage nach der Zeit nur noch komplizierter. Wir verstehen das alles nicht. Wie sollen wir die Zeit verstehen, wenn wir noch nicht einmal mit Bestimmtheit sagen können, woher wir gekommen sind? Niemand weiss, woher er kommt, kein Pferd weiss es. Und trotzdem gibt es weisse Pferde, wir haben sie selbst gesehen. Unser Inselpferd gehört aber nicht dazu. Wir wissen nicht, ob es noch lebt, und wenn es lebt, was es zuletzt gefressen hat.

Walnussbäume stehen am Ufer, Wälder aus Eichen, und wir wissen immer noch nicht, wo wir uns befinden, was uns aber langsam auch egal ist. Wir möchten nicht zuviel von allem wissen, besonders dann, wenn es rund herum so schön ist. Nur die Zelte bedrücken uns, weil wir wissen, dass wir da früher oder später hinein müssen, aber nicht hinein wollen und doch zur Einsicht kommen, dass eines Tages jeder Tag sein Ende hat, manchmal in einem Zelt. Lieber in einem Zelt als in einem Fluss.

12 Heisser Wind treibt Wacholder

Nach ein paar Tagen erreichen wir eine Gegend mit Dornenbüschen und anderen blumigen Klingen, die schnelles Verbluten bedeuten könnten, umschwirrt von Schmetterlingen und bunten Fliegen am Waldrand in einem Augustfeld. Der heisse Wind trägt Wacholder durch die Luft, Bauern fahren auf alten Traktoren, manchmal hören wir nur die schweren Dieselmotoren und stellen uns den Rest dazu vor. Das ist nicht schwer, viel leichter jedenfalls, als sich die Zeit zu erklären.

Einige von uns sind einen anderen Weg gegangen. Wir konnten uns zuvor nicht einigen. Nun sehen wir sie auf der gegenüberliegenden Talseite als eine sich immer weiter auseinanderziehende Gruppe laufen, ein seltsames Bild in einer zivilisationsfernen Landschaft. Wir beobachten kleine Vogelarten und finden im dürren Gras unbekannte Insekten, erreichen einen Bauernhof, trinken aus einer Blechkanne, kaufen Käse, essen den Käse, kaufen einen zweiten Käse, weil der erste gut war, nehmen den zweiten Käse mit, gehen einige Kilometer das Tal aufwärts, werden müde, setzen uns auf trockenes Gras und essen auch den zweiten Käse, bekommen Durst vom Käse, suchen nach Wasser, finden aber kein Wasser, finden einen Bach, der Bach hat aber kein Wasser, sehen im Bachbett eine trübe Pfütze, wissen, dass daraus zu trinken nicht gesund sein kann, und gehen weiter, erreichen einen zweiten Bauernhof, trinken gierig aus einer zweiten Blechkanne und sehen zwei von uns im Garten Tomaten essen, verzichten auf den Kauf von Käse, gehen in den Garten, essen auch Tomaten und beginnen, als Dank für die Bauern ein fröhliches Lied zu singen.

13 Baumläufer

Wir werden von Bauern in einen Lieferwagen gesetzt und aufs Feld gefahren. Aber das Feld erreichen wir nicht. Der Lieferwagen bleibt vorher auf der Strasse liegen. Die beiden Bauern steigen aus, schauen in den Motor. Wir schauen auch in den Motor und sehen Kabel, Schrauben und Formen aus Blech und Kunststoff. Die beiden Bauern sagen, wir sollen beim Lieferwagen bleiben, und machen sich davon, um Ersatzteile zu holen.

Wir legen uns am Strassenrand aufs Ohr und hören Schafe in der Ferne mit kleinen Glocken bimmeln und im Wald ihr Futter suchen. Eine grössere Glocke zeigt dann und wann die Zeit an, die uns bald nicht mehr interessiert, denn wir haben einen Sinn für Baumläufer entwickelt, können farbige Schattierungen des Gefieders im Baumschatten unterscheiden und manchmal sogar Vogelindividuen auseinanderhalten. Ein Traktorfahrer rollt die Strasse entlang und grüsst. Wir winken trotz unserer Vogelkonzentration zurück und wünschen einen schönen Tag.

Dann geschieht für einige Zeit nichts Auffallendes mehr. Manchmal kommt ein Wind, dann bewegen sich Halme. Ein Hund hat einmal gebellt, aber nicht lang, vielleicht drei oder vier Mal, auch eine Stimme haben wir gehört, doch es könnte eine Täuschung gewesen sein. Und wieder kommt ein Wind, bewegt die Umgebung, treibt das Blattwerk an wie in einem Film. Unsere Aufmerksamkeit wandert in die Bäume, in die Akustik der Bäume mit ihren Raspelgeräuschen. Dazu mischt sich der heisere Diesel eines Traktors, der das Tal entlangwandert. Ein Habicht kreist, ein Eichelhäher ruft und flüchtet in einen Feigenbaum mit schwarzen Schatten.

Es kommt ein anderer Lieferwagen. Es wird an unserem Fahrzeug gearbeitet. Dann geht es doch noch auf das Feld, wo wir den ganzen Tag ernten müssen. Wir wären lieber den restlichen Tag im Wald geblieben. Es wäre uns bestimmt nicht langweilig geworden.

14 Der Abend des Landes

In der Nähe des Flusses wächst Salat in kleinen Gärten mit Steinmauern. Wir ernten den Salat und legen ihn in Holzkisten, stapeln die Kisten in den Anhänger, der am Wegrand abgestellt wurde. Wir essen flache Pfirsiche, während über uns zwei Raubvögel lautlos kreisen, gegen die helle Sonne, rein zufällig entdeckt. Am Strassenrand liegt ein toter Zeisig. Ein Traktor holt den Salatanhänger, wir benutzen ein altes Motorrad, das nicht schnell fahren kann, dafür aber noch einige Original-Farbreste und ein schönes Emblem aus Blech besitzt. Sein Fahrgeräusch ist der Landschaft vertraut, liegt der Gegend im Blut, auch die erreichbare Geschwindigkeit ist wie die Grösse der Pfirsiche ein Resultat der Natur. Wir fahren ohne Helm, halten unterwegs an, steigen ab, um im Fluss nach Fischen zu sehen.

Wo wart ihr, fragt der Bauer. Wir mussten nach den Fischen sehen. Im Sommer sind die Fische fort, im Herbst kommen sie wieder zurück und überschwemmen das Land. So viele Fische, wundern wir uns, wo kommen so viele Fische plötzlich her, und wo sind sie jetzt im Sommer, nicht einmal Brutfische haben wir gesehen. Es gibt keinen richtigen Herbst und deshalb auch keine Fischmengen mehr, sagt der Bauer und reicht uns Tomaten. Dafür gibt es jetzt Salat, viel Salat. Wir rücken an den Tisch und essen Salat, kein Gedanke mehr an die Abendtafel der Mönche, obwohl der Bauer innerlich für das Essen dankt, das merken wir, dafür haben wir einen Sinn entwickelt. Der Wein ist gut, meinen wir. Kommt von hier, acht Monate im Eichenfass, stolz ist der Bauer. Seine Frau bringt Apfelkuchen. Sie macht einen klügeren Eindruck als er. Ich hole euch die Zeitung, sagt sie und bringt die Zeitung von heute. Wir lesen anstandshalber die erste Seite und legen sie dann auf die harte Holzbank, denn wir wollen gar nicht wissen, wie es in der Welt zugeht. Diesem angenehm weltfernen Ort liegt das Land näher als die Welt.

Wir fragen die Bauern und die alte Mutter nach früher, nach Giftpflanzen und gefährlichen Tieren. Von welcher Insel kommt ihr, wollen sie wissen. Wir erzählen, berichten von den Mönchen, dem Klostergarten, den Kühen, dem Pferd. Ähnliche Themen wie hier, denken wir. Welcher Orden, will die alte Mutter wissen. Wir geben die Geschichte des Klosters in groben Zügen wieder und erklären die Ordenszugehörigkeit, soweit uns diese Dinge klar geworden sind, und fügen an, dass wohl eine andere Zeit gekommen sei. Man wisse nichts Genaues über den Verbleib der Mehrheit der Mönche, die aufs Festland gingen, und auch die Zukunft der alten Mönche sei offen, und schliesslich seien auch wir in einen Prozess der Veränderung geraten, hätten offenbar das Gefühl gehabt, einmal aufs Festland gehen zu müssen, um andere Seiten des Lebens kennenzulernen, nachdem wir alle Facetten der Insel überblickten, zuletzt Kühe und sogar ein uns bislang unbekannt gebliebenes Pferd entdeckt hätten.

Der von uns zuvor gelobte Wein hat unsere Zunge gelöst, und wir erzählen mehr, als wir eigentlich erzählen wollten, denn normalerweise sind wir schweigsame Personen, die lieber anderen Leuten zuhören, als die ganze Zeit selbst zu reden, zumal uns das Interpretieren von Ereignissen oder Zuständen fern liegt, man aber unwillkürlich ins Interpretieren gerät, wenn man einmal mehr sagt als guten Tag und vielen Dank. Dann endet das Reden in Dafürhaltungen und Mutmassungen oder Verdächtigungen und Anschuldigungen und was einem sonst noch alles entgleitet, vor allem, wenn plötzlich die Geschwindigkeit des Redens eine andere ist als im normalen Leben. Ihr könnt gern noch ein paar Tage auf dem Feld arbeiten, bietet uns der Bauer an, der weiss, was ein Arbeitstag auf dem Land ist, der den Tag einteilen und ihm eine sinnvolle Struktur geben kann. Wir sehen Blechkannen auf dem Esszimmerschrank, riechen den Apfelkuchen und haben das Gefühl, an keinem schlechten Ort zu sein.

Dann treten ein paar ältere Männer zur Tür herein, bekommen etwas eingeschenkt, man stellt uns vor, und wir fühlen uns plötzlich nicht mehr in einem sehr guten Zustand, haben wohl einen etwas verängstigten Gesichtsausdruck angenommen, worauf uns der Bauer und die Männer Mut machen, auf unser Wohlsein anstossen und dann beginnen, vom Krieg zu erzählen, worauf es uns aber noch unwohler wird und in uns schlimme Befürchtungen aufsteigen, in unkontrollierbare Diskussionen verstrickt, am Ende beschimpft und zum Teufel gejagt zu werden. Wir versichern, die ganze Zeit auf der Insel gelebt zu haben, womit unsere Position glaubhaft geklärt scheint und wir bei den Gesprächen zwar äusserlich unbeteiligt wirken, innerlich aber mit einiger Aufregung und nicht ganz ohne Gefühlswallungen an den folgenden Schilderungen teilnehmen.

Offenbar brach damals im Tal ein Streit aus, welche politische Haltung einzunehmen sei, wem die Zukunft gehöre. Man sei sich nicht einig geworden, sei beiden Richtungen gefolgt, habe sich daher innerhalb des Tales unnötigerweise aufgespalten, bald erbittert bekämpft, was bis heute unterschwellig weiterlebe und gelegentlich noch zur Sprache komme, verbal und emotional bewältigt werden müsse, so wie ausgerechnet heute Abend, da man das innere Bedürfnis verspüre, sich einmal wieder diese vergangenen Zeiten ins Bewusstsein zu rufen, weil sich heute im Tal wieder vieles auflöse, manches längst zu verwahrlosen begonnen habe und eine sinnvolle Lösung der Probleme in keiner Weise in Sicht sei. So reden die Männer, bis wir uns zum Nachtlager begeben mit dem gut begründbaren Vorwand, am nächsten Morgen zeitig in den Salat zu müssen.

15 So viele Kisten Salat bis zum Mittag

Wir nehmen den kleinen Traktor für den Salat, ruft der Bauer mit morgendlichem Eifer durchs Haus. Wir beeilen uns, schauen in den fast unverkleideten Motor des Traktors, der nach dickem Öl riecht, den der Bauer stolz in Betrieb setzt, schweres Metall, das zu vibrieren beginnt, ebenso wie die Mechanik des Mähwerks. Einige von uns klettern auf den Anhänger, andere nehmen das Motorrad, wieder andere werden in den kränkelnden Lieferwagen gesetzt und schauen erstaunt zu den verstaubten Scheiben heraus.

Wir versammeln uns auf dem Feld, der Bauer teilt uns in kleine Arbeitsgruppen ein, erklärt die Ernte und macht genaue Angaben, wie viele Kisten Salat in den nächsten zwei Stunden geerntet sein müssen. Wir beginnen mit der Arbeit, der Bauer fährt mit dem Lieferwagen zurück, zunehmende Hitze strömt vom Himmel. Es entsteht eine Diskussion, ob wir lieber weglaufen oder das festgelegte Salatsoll erreichen sollen. Aus dankender Verpflichtung und wegen des allgemeinen Anstands ist die Mehrheit fürs Weiterarbeiten.

Nach zwei Wochen Salat bekommen wir unseren Lohn, und der Bauer verabschiedet uns. Die Salaternte ist beendet. Wir hätten ohnehin nicht viel länger Salat ernten wollen, weil wir nun wissen, wie das geht. Wenn man weiss, wie etwas geht, möchte man gerne etwas Neues machen.

16 Milchgrüner See im Sommer

Was ist ein Apfelmorgen? Wenn das Kompott stark ist und die Erinnerung ans kalte Frühjahr schwindet. Wenn vor der Gärung der Äpfel und den drohenden Insekten ein paar kostbare Momente entstehen.

Milchgrün liegt der kleine See. Heisser Wind brennt in den Augen, Gras wächst gelb und sandig. Die Wiesen sind viel zu hell im Verhältnis zum Wald, der als dünne, schwarze Lippe den Horizont berührt. Eine farblich umgekippte Landschaft in diesem endlosen Sommer. Der Milchsee ist zu einem inneren Auge getrocknet, von Eichelhähern aus der Luft betrachtet, sehr früh am Morgen, wenn alles andere ruht.

Zu viel Sonne tags im See, zu wenig Nacht am Tag, zu geringe Höhlentemperatur, die unter dem See sich ausdehnt, ein zweites Klima bildet ohne überirdischen Anschluss.

Tropische Stürme an der Küste, lesen wir am Kiosk, und betrachten stumm das verdörrte Gras.

17 Talwinkel

Wir gehen auf den nächstgelegenen Markt, den uns handgeschriebene Schilder am Wegrand anzeigen. Die Leute auf dem Markt bilden ein kleineres Getümmel, das wir gar nicht mehr gewohnt sind nach Tagen und Wochen einsamer Feldarbeit, die uns der täglichen Abwechselung entwöhnt hat, ausgerechnet uns, die wir durch unseren biografischen Inselhintergrund nicht gerade materielle Üppigkeit gewohnt sind. So überflutet uns der bescheidene Markt mit seinen sinnlichen Reizen, und wir stolpern von einem Stand zum nächsten. Fremde Produkte, teils frisch, teils in Gläsern und Konserven abgepackt, wollen gekauft werden, und die Leute hinter den Tischen behandeln uns freundlich, erklären Anbau und Entstehung, was bei uns Sympathie auslöst, weshalb wir uns auf diesem Markt gut aufgehoben fühlen.

Zwei Personen mittleren Alters, eine weibliche mit langen Haaren, eine männliche auch mit langen Haaren, erläutern uns die biologischen und gesundheitlichen Vorteile ihrer Waren, die Anbaumethoden und vor allem den philosophischen Hintergrund. Die Aufrichtigkeit ihrer Erzählweise und Geschichten wecken unser Interesse, während das Verkaufsgeschäft ausgesprochen ruhig verläuft, so dass die beiden freundlichen Personen beginnen, Details ihrer Biografie zu erhellen.

So stellt sich bald heraus, dass sie nicht aus dieser Gegend stammen, was wir bald selbst herausgefunden hätten, sondern aus demselben Land wie wir, was uns zunächst ein seltsames Gefühl der Beklommenheit beschert, welches aber bald wieder abklingt. Schon seit vielen Jahren seien sie hier heimisch, hätten sich der Echtheit der Produkte gewidmet, den biologischen Anbaumethoden und nicht zuletzt auch dem eigenen, ökologisch korrekten Verhalten in der Landschaft. Sie seien bemüht, sich selbst dem Wesen der Landschaft innerlich wie äusserlich anzupassen. Über das Land, aus dem sie kamen, sagen sie manch Bedenkenswertes, sprechen von der Schnelllebigkeit der Zeit, dem Leistungsdruck des Erwerbslebens, der Konsumfixiertheit der Gesellschaft und schliesslich von den Idealen vergangener Zeiten, die sie hierzulande relativ gut einlösen könnten, worauf sie gelegentlich ein wenig stolz seien, auch darauf, dass letztlich nicht alles von damals gescheitert sei, dass sich mancherorts, in bisweilen stillen Winkeln und Nischen, Biotope des Feinfühligen fänden, dass es eben doch auf die Umstände und Individuen ankäme. Uns leuchtet die flammende Rede der beiden freundlichen Leute ein, beginnt uns zu überzeugen, so dass wir selbst, ganz entgegen unserer Gewohnheit, zu reden anfangen und uns zu unserem eigenen Erstaunen mancherlei Beispiele einfallen, wie, wo, wer in welchem Zusammenhang biologisch wirtschafte und im guten Sinn und Geist humane Ideale lebe.

Derart sich kennenzulernen, löst auf beiden Seiten Freude aus, weshalb die Einladung der beiden freundlichen Leute, ihren Biobauernhof zu besuchen, als logische Konsequenz folgt. Nachdem noch ein Glas Marmelade verkauft und der Markt ordentlich beendet wurde, führen uns die Leute zu einem alten Citroën CX Break, aus dessen vollständig mit Staub bedeckten Scheiben wir die Umgebung leider nur unscharf wahrnehmen können. Mitsamt den übrigen Produkten fährt uns der CX auf immer schmaler werdenden Wegen in immer engere Täler. Es wechselt der Strassenbelag von Asphalt zu Kies, weshalb sich eine Staubwolke an unseren Wagen heftet und durch die weit geöffneten Fenster dringt, uns, die Waren und die Leute in eine helle Aura hüllt, auch wenn unsere Zungen profanen Strassenstaub schmecken.

Die Frau fängt an, ein Lied zu singen, und der Mann summt dazu. Wir sitzen auf der Rückbank, schauen uns erstaunt an, fühlen uns aber nicht aufgefordert, in die uns glücklicherweise fremde Weise einzustimmen. Ein landestypisches Lied, meint die Frau, und der Mann nickt heiter, was wir im Rückspiegel genau verfolgen können. Das ist bereits unser Land, sagen die beiden Leute, niemand will es mehr bearbeiten, die Jungen sind in die Städte gezogen, die Alten wurden zu alt, um zu arbeiten, jetzt bepflanzen wir das Land, und zwar so, wie es diesem Land entspricht. Woher wisst ihr, was dem Land entspricht, fragen wir. Das merkt man, das hat man im Gefühl, das Land spricht nämlich, wenn man ihm eine Zeitlang zuhört.

Ein sprechendes Land, das ist interessant, denken wir, als wir schliesslich ein paar alte Steinhäuser erreichen, vor denen Leute sitzen, etwa gleichaltrig wie die beiden im CX, den sie locker ausrollen lassen, bis er wie von selbst ein schattiges Plätzchen unter einem windschiefen Dach findet. Wir schauen wie leicht verschreckte Tiere aus dem Auto, steigen aus und wissen nicht recht, wo wir hintreten sollen, werden von vielen freundlichen Leuten umringt, wobei uns innerlich ein wenig klamm wird, weil wir nur selten umringt werden und das Umringtwerden als solches nicht besonders mögen, wie wir nun merken. Auch die damit verbundene erhöhte Aufmerksamkeit sind wir nicht gewohnt und mögen sie nicht sonderlich. Wir sind eher Leute, die einen Schritt neben- oder hintendran stehen als zu weit vorn. Jetzt stehen wir jedenfalls ganz weit vorn in diesem hintersten Talwinkel, wo uns im Fall von Gefahr niemand zu Hilfe eilen könnte, und wissen aus reinem Mangel an Erfahrung nicht, welches Gesicht man in einer solchen Situation am besten machen soll. Wir entschliessen uns für ein sehr freundliches Gesicht, weil alle Gesichter, die uns entgegen blicken, freundliche Gesichter sind, kein einziges weniger freundliches darunter, was uns ein wenig seltsam erscheint. Zwischen dem äusserlich sichtbaren Gesicht und unserem inneren Zustand der Verwunderung wird eine für uns und vielleicht auch für die anderen spürbare Kluft sichtbar. Wir hoffen, dass dieses Kluftgefühl nicht allzu lange anhalten möchte, da es uns einige Anstrengungen abverlangt, das freundliche Gesicht längere Zeit freundlich zu erhalten.

Wir spüren bald physiognomische Verspannungen und leichte Schmerzen, weshalb wir dankbar sind, als uns die beiden Marktleute auf die Rückseite der Gebäude führen, wo wir eine gewaltige Feuerstelle sehen.

18 Gedichte im Gaumen

Den Abend verleben wir in ausgelassener, schon lang nicht mehr dagewesener Heiterkeit und bisweilen sogar philosophisch anregender Erbauung. Wir essen regionale Produkte, die uns bei dieser Gelegenheit nochmals in aller Ausführlichkeit und unter Einbezug der jeweils produzierenden, erntenden, anbauenden oder sonst wie am Zustandekommen beteiligten Personen erklärt werden, wodurch wir ein vertieftes Bild vom gesamten Nahrungs- und Wachstumskreislauf erhalten, was uns ein Gefühl der Zufriedenheit und inneren Richtigkeit vermittelt. Wir dürfen auch vom biologischen Wein kosten und ein Kraut dazu rauchen, das den Unseren und allen Anwesenden glänzende Augen verleiht und sie in eine euphorische Stimmung versetzt, die der Phase der tiefgründigen, ausfransenden, sich in alle möglichen Hirnwindungen verselbständigenden Gespräche, die nicht ohne ideologische Überhöhungen bleiben können, ein Ende bereitet und stattdessen einem zwar diffusen, aber Glücksmomente verleihenden Gefühl, dass alles schliesslich und endlich gut werde, Platz macht. Ein Gefühl, das mit der unbeugsamen Kraft des biologisch einwandfreien Krautes in uns aufsteigt, unser Gemüt in Beschlag nimmt und auch unseren äusseren Zustand verantwortet. Irgendwann jedoch, wir können und wollen nicht mehr auf unsere Uhr schauen, macht sich eine gewisse personelle Ausdünnung bemerkbar: Die Anwesenden legen sich zur Nachtruhe.

Am anderen Morgen spazieren einige von uns in die Landschaft hinaus, auf die kleinen Felder der Umgebung, um einerseits ihr Wissen über die Pflanzen und deren Kräfte zu vertiefen, andererseits den freundlichen Leuten aus reiner Nächstenliebe hilfreich zur Hand zu gehen. Andere von uns, es sind nur wenige, kommen mit jemandem ins Gespräch, der ovale Brillengläser trägt und am gemeinsamen Frühstück noch länger sitzen bleibt, während alle anderen bereits ihrem Tagwerk zustreben. Vor den Häusern findet sich mühelos ein schattiges Plätzchen, worauf er zu erzählen beginnt.

Er tauge nicht zur Feldarbeit, er könne weder mit Tieren noch mit Maschinen umgehen. Was er dann hier draussen mache, wollen wir wissen. Das geistige Klima täte ihm gut. Von was er lebe, sind wir neugierig. Das sei ja sein Problem, meint er; da er zu nichts zu gebrauchen sei, womit Geld verdient werden könne, habe er gezwungenermassen sein Land (das auch unser Land ist) verlassen, weil er niemandem auf der Tasche liege wolle, und erfahre hier an diesem Ende der Welt echte Solidarität, wenn auch in einem kargen Rahmen. Um sich dennoch den Luxus persönlicher Mobilität zu leisten, die für ihn lebenswichtig sei, um sich frische geistige Eindrücke herbeizuführen, habe er ein altes Kraftrad gekauft, dessen Finanzierung und Unterhalt ihn jedoch nötigten, gelegentlich einer bezahlten Tätigkeit nachzugehen, indem er für das örtliche Tourismusbüro werbende Texte für Landsleute verfasse, korrigiere, übersetze und in Umlauf bringe.

Und was macht er sonst den ganzen Tag, das ganze Jahr und überhaupt? Ich bin Dichter, sagt er, aber was ich dichte, will niemand lesen, das ist das Problem, das ist das Problem aller wirklichen Dichter und ein Beweis für gute Gedichte. Nur hier in unserer Gemeinschaft hören sie mir zu, schätzen meine Texte, jedenfalls ab und zu, wenn ich nicht übertreibe. Ausserdem schreibe ich eine Chronik dessen, was hier bei uns und in der Umgebung passiert, jeden Tag eine Seite, da geht nichts vergessen, denn es passiert eine ganze Menge. Das wird vielleicht einmal ein Stück Zeitgeschichte, ein Sittengemälde unserer Parallelgesellschaft, wer weiss.

19 Fliegen belecken uns wie Fleisch

Das Grillenzirpen ist der Herzschlag der vertrockneten Gegend. Nachts im Halbmondlicht stehen unbekannte Tiere im Eichenwald und zertreten das gestorbene Laub. Landeinwärts weht heisse Luft, flimmert, verwickelt die Landschaft in einen Film. Eine Person mit Kopftuch wandert plötzlich durchs Bild, während wir leblos im Schatten sitzen und mit brennenden Augen in die heisse Landschaft starren. Fliegen begehen und belecken uns wie totes Fleisch, wehrlos und amorph. Wir hoffen auf Wolken oder wenigstens auf die nächste Nacht.

20 Arbeit im Graben

Wir sind weitergefahren, haben uns von den Vereinnahmungen der freundlichen Leute gelöst, verspürten plötzlich wieder das Bedürfnis nach einfacher, elementarer Arbeit, ohne dabei ständig zu denken und das Gedachte besprechen zu müssen.

Wir kommen auf dem Bau unter. Von unserem Graben aus sehen wir oben das Grinsen der Bauarbeiter. Sie haben grosse Münder mit Zahnlücken. Wir schlagen seit Tagen mit Schaufeln auf die mürbe Erde ein, graben uns gemeinsam mit einem Bagger Meter für Meter voran, sehen von der Landschaft den Tag über nicht viel, haben mit dem Klagen aufgehört, beschlossen, die Sache einfach laufen zu lassen, zu irgendeinem Ende wird sie schon kommen, zu irgendetwas wird dieser Einsatz gut sein.

Aber es passiert nichts. Wochenlang graben wir vor uns hin. Das ist elementare Arbeit, das stimmt, aber auch langweilig und vor allem anstrengend. Die Hitze lässt den Bagger flimmern, weshalb wir den Radius seiner Schaufel schlecht einschätzen können und es nur dem Baggerführer zu verdanken ist, dass sie uns nicht schon längst erfasste. Die Bauarbeiter sind rau und machen sich über uns lustig. Manchmal aber werfen sie uns ein Stück Brot zu oder einen Pfirsich.

Wir fragen nicht, was hier gebaut wird und wie wir eigentlich dazu kamen, in dieser fremden Gegend in der Erde zu graben. Manchmal sehen wir den grossen Hinterreifen eines Anhängers, der am Rand unseres Grabens entlangfährt, ein dickes Kabel ausrollt, das von anderen Arbeitern langsam in die Erde herabgelassen wird. Manchmal hören wir stundenlang keinen der Arbeiter mehr und wissen nicht, ob sie überhaupt noch da sind oder sich fortgemacht haben oder irgendwo unter einem Baum liegen. Manchmal stehen sie hundert Meter entfernt in der trockenen Landschaft und bauen am anderen Ende der Baustelle weiter. Wir wissen nicht, nach welchen Regeln die Arbeit organisiert ist.

Das Gelb des Baggers steigt uns nachts im Traum auf, seine langsamen Bewegungen, von denen die Gefahr der Kollision ausgeht. Wir durchleben das Trauma einer Baggerkollision, einer schweren Verletzung, sehen unser Blut im trockenen Graben in den Staub auslaufen und wissen, dass jede Rettung viel zu lange dauern würde, obwohl alle hektisch herumrennen, um irgendetwas zu tun, das nach Rettung aussieht. Wir sind sowieso schon müde, von Hitze und Arbeit ausgelaugt, so dass die Schwächung durch das schwindende Blut nicht einfach ausgeglichen werden kann, sondern um so rascher zum Tod führen wird, Tod im Graben, man braucht nur noch die aufgeworfene Erde wieder drüberzuschütten.

21 Ein Mann backt Brot

Wir beschliessen, bei der nächsten Gelegenheit unsere Bautätigkeit zu beenden. Wir möchten nicht mehr bauen, sondern etwas Sinnvolles backen. Weil wir aber nicht wissen, wie das Backen geht, begeben wir uns in ein Freilichtmuseum zur praktischen Anschauung. Dort backt ein Mann Brot und gibt Erklärungen dazu.

Hemd und Hose lappen dem Mann vom Leib, der schwitzt und schafft und macht und tut. Man kann mich auch was fragen. Aber was sollen wir ihn so unvermittelt fragen? Wir wissen nicht, wo wir mit dem Fragen anfangen sollen. Zum Beispiel was das für ein Teig ist, oder welches Mehl es sein soll, was auf dem Sack steht, oder wie lange der Mann das Brot schon backt, der eine dicke Brille trägt, damit er das Brot überhaupt sehen kann. Einige Kinder sind auch dabei, schauen sich die Vorführung an, können sich aber das Backen nicht recht vorstellen, ihre Eltern wohl auch nicht, so wie sie dastehen und dreinblicken.

Dann heizt der Mann den Ofen ein. Mit langen Stangen fuchtelt er herum, springt hin und her und schwitzt dabei, vor allem schwitzt er dabei, das halbe T-Shirt ist schon dunkel geschwitzt, wischt sich die Stirn, wischt sich das Gesicht, auch der Nacken schwitzt reichlich, weshalb der Nacken ebenfalls gewischt werden muss. Die Brille ist nass und muss auch gewischt werden, aber mit einem anderen Tuch. Zwischendurch backt der Mann, knetet mit den Händen, klebt am Teig fest, muss sich mittels Mehl wieder vom Teig befreien, den Teig abwiegen, der auch auf der Waage festklebt, füllt den Teig in Körbe, aus denen nach einiger Zeit der Teig herausquillt. Auch das Fleisch des Mannes quillt aus dem Mann heraus, lappt über die Hose, die nicht fest sitzt am Mann, die herumschlingert und mit dem T-Shirt eine schlaffe Hülle bildet.

Die Gesamtkleidung schwitzt mit dem Mann, der auch noch einheizen und nach weiterer Zeit mit langen Stangen die Glut vorsichtig aus dem Ofen wieder herausziehen muss, sie in einen eisernen Wagen wirft, noch viel schlimmer schwitzt als vorher, weil die Glut eine furchtbare Hitze zusätzlich zur Hitze macht, die der Sommer, der völlig ausser Kontrolle geratene Sommer, hinzutut, so dass der Mann im doppelten und dreifachen Mass schwitzt und flucht und den aus den Körben überflüssigerweise herausquellenden Brotteig beschimpft, der halt quellen will, wie das Fleisch, aus dem der Mann gemacht ist, das schon die ganze Zeit quillt und wabert, so dass wir uns gar nicht getrauen, dem Mann bei seiner mühsamen Arbeit zuzusehen, obwohl genau das ja die Absicht dieser Vorführung ist, von diesem ausser Rand und Band geratenen Spektakel, das wir kein Spektakel, nein, das wir eine Performance nennen, den Mann, den wir nicht einen Bäcker, sondern einen Künstler nennen wollen, nicht nennen wollen, sondern nennen müssen, den wir einen wahren Künstler nennen müssen, weil er gar nicht mehr aufhört, um sein Brot herumzuspringen, um uns das ganz normale Brot, das wir in jedem gewöhnlichen Laden, zu jeder Tageszeit kaufen können, um uns dieses dumme Brot mit seinen Eigenschaften und Schwierigkeiten zu erklären.

Dafür hat der Mann etwas verdient. Aber was? Uns fällt nichts ein, weil wir selbst von der Hitze ausgelaugt sind und nicht mehr denken, noch nicht einmal mehr essen können, selbst dieses wunderschöne Brot am Schluss gar nicht mehr verzehren können. Es bleibt in seinen Körben liegen, während der Bäcker ohne Sprache und Ton, ohne Abschied und Wunsch aus der Backstube ins Freie wankt.

22 Schleusenzeit

Nie im Leben werden wir eine solche Brotbackperformance hinbekommen wie der Mann mit dem Brot. Deshalb fangen wir das Brotbacken gar nicht erst an, sondern fahren weiter, während der Brotmann brotlos im Schatten sitzt und in die Sommerhitze starrt.

Am Fluss finden sich in regelmässigen Abständen kleine Schleusenhäuser aus einer anderen Zeit. Nach dem dritten oder vierten halten wir an, steigen neugierig aus, lassen die Autos hinter dem Schilf stehen und treten näher. Eine Schleusenfrau steht breitbeinig und armstämmig vor ihrem 1845er-Schleusenhaus, das der Baumeister wie Lehm an die Felswand drückte, damit zwischen Fluss und Fels noch Strasse und Schleuse Platz haben. Sie winkt uns heran. Wollt ihr was trinken. Ja, gern, wollen wir, heiss heute. Wir sind nicht weit gekommen, haben schon wieder zu dickes Blut in den Beinen, so dickes Blut, dass sie allein stehen bleiben würden, aber der Rest von uns fiele vor Hitzemüdigkeit glatt um. Und das, obwohl wir nicht gewandert, sondern bequem mit dem Auto gefahren sind, jeder auf seinem eigenen Autositz.

Nur ein Wasser, kaltes Wasser, sagen wir leise. Die Schleusenfrau verschwindet und kommt mit Wasser wieder. Wir setzen uns auf schneeweisse Monoblocks, die wie Rattengift in diese entlegene Gegend gestreut wurden, und ruhen im dünnen Schatten eines grellhellen Partyzelts. Heiss heute, fängt die Schleusenfrau an, seit 1969 nicht mehr so heiss gewesen, alles vertrocknet, Waldbrandgefahr, wenigstens das Wasser zum Löschen ist nicht weit. Die Frau hat Lachfalten im Gesicht.

Viel ging kaputt während der letzten Jahrzehnte, beginnt sie zu erzählen, allgemeiner Niedergang, Landflucht, Strukturwandel in der Landwirtschaft. Wir sehen in der stehenden Hitze der Gegend überall Anzeichen des Endes und der persönlichen Tragödien. Die Schleusenfrau denkt hierhin und dahin, wird gesprächiger. Das Leben ist karg, sagt sie und lacht, nur wenig Geld ist da, und man weiss nicht, von was man leben soll. Die Frau lacht laut auf, so dass wir erschrecken. Ist das nicht etwas traurig, fragen wir. Das Leben ist traurig, alles, was sich hier abspielt, ist traurig, lacht die Frau aufs Feld hinaus. Vielleicht hat sie etwas getrunken oder ein Kraut geraucht? Was haben wir eigentlich im Glas? Wir kontrollieren die Flüssigkeit unauffällig. Das Dach wird bald zusammenfallen, kein Geld für Reparaturen, die Frau ist unbesorgt. Und die Schleuse ist wohl auch nicht mehr in Betrieb, bemerken wir, schauen in einen tiefen, fast ausgetrockneten Kanal mit Algen am Grund. Da kommen schon lang keine Schiffe mehr, meint die Schleusenfrau, deshalb habe ich es hier schön ruhig, keine Aufregung mehr, keine Früh-, keine Spätschicht. Das Leben ist viel gelassener und angenehmer geworden. Wir wissen nicht, was wir dazu sagen sollen.

23 Tiere aus Beton an einem sonnenlosen Ort

Auf der Rückseite des Schlosses, in einem Winkel hoher Mauern, an einem Ort, den die Sonne nie erreicht, auch wenn sie, wie in diesem Sommer, gar nicht mehr aufhören will zu scheinen, stehen verwachsen in Gras und Kraut im Format von Gartenzwergen ein paar Tiere aus Beton, ohne

Ordnung, ohne Choreographie. Die Tiere stehen oder liegen, wie sie die Zeit einmal hinstellte und äussere Einflüsse sie dann und wann verändert haben. Über den Tieren ragt ein borstiger Schleier dornigen Bewuchses, der wie ein Stacheldrahtzaun die Betontiere schützt, so dass wir uns nicht getrauen, sie zu berühren. Wie im Zoo betrachten wir sie aus sicherer Distanz. Hinter ihnen führt eine Steintreppe ins Schloss, die Holztür aus schwarzem Grün, von der Witterung vernarbt, eine steinerne Fassung, Blechlampe, die vom Gebäude absteht. Die Mauern verlieren mit zunehmender Höhe die Statik, die Schlingpflanzen ihre Kraft, während sie unten herum das Schloss fest im Griff haben, um es langsam zu erwürgen.

Am Fluss ist das Licht gedämpft wie auf der Rückseite des Schlosses, und die Schlingpflanzen sind nachts noch gefährlicher als Baumschlangen.

24 Feldvergewisserung

Rechts ranfahren, anhalten, aussteigen, aufs Feld laufen ohne besonderen Grund, einfach so, ohne psychotherapeutischen Hintergrund, ohne Selbstfindungsabsicht. Das geht ganz einfach: rechts ranfahren, anhalten, aussteigen, aufs Feld laufen (nur auf ein abgeerntetes Feld natürlich). Die Autos können wir am Feldrand stehen lassen. Es hat hier keinen Verkehr, und die Strasse ist lang genug.

Dann geht es weiter: Was ist das für ein Feld? Stoppelfeld. Welche Farbe? Graues Gelb. Wieviel Feuchtigkeit? Knochentrocken. Welche Gegend? Wissen wir nicht. Welcher grössere Ort in der Nähe? Vergessen. Besitzer? Unbekannt. Welche Feldfrucht? Korn. Welches Korn? Wissen wir nicht. Wieviel Ertrag pro Hektar? Keine Ahnung. Wieviele Arbeitsstunden kostet die Ernte? Wissen wir wirklich nicht. Welche Rolle spielt die EU? Keine gute jedenfalls.

Gibt es ein Dorfleben? Nein, nicht mehr wirklich; alle Jungen sind fort. Wie geht es dem Feld? Können wir nicht sagen, wir können sowieso viel zu wenig zu diesem Feld sagen, das ein ganz normales, ein x-beliebiges Feld ist.

Wir sind nämlich dem Feld im Allgemeinen entfremdet. Der Geruch des Feldes hat uns überrascht, auch die Trockenheit, das Gewimmel an Stängelchen und Körnern. Es liegen noch viele Körner auf dem Feld. Die Hamster, wenn es überhaupt noch welche gibt, wenn sie nicht auch schon dem Feld entfremdet sind und in den Neubauvierteln der Dörfer abwechslungsreicheres Futter suchen gehen, haben erstaunliche Mengen Korn hier draussen liegen lassen. Der Wind verleiht dem Feld Geräusche. Das Feld, obwohl es nur ein Stoppelfeld ist, bewegt sich wie ein stiller See. Auch bei wenig Wind bewegt sich immer irgendein Halm, selbst wenn es nur ein abgeernteter Resthalm ist.

Das ist die Feldvergewisserung, die wir nötig haben, weil wir vom Feld kein Bild und keinen Begriff mehr hatten. So kam es zur Feldbegehung, von der Feldbegehung zur Feldwahrnehmung und von der Feldwahrnehmung zur Feldreflexion. Da ist sie also, die Feldgedankenarbeit. Wir sitzen am Rande des Feldes, einige von uns sogar inmitten des Feldes, und jeder denkt vor sich hin, versucht die Feldansicht mit dem Feldgeruch und den Feldgeruch mit den Feldgedanken zusammenzubringen. Aber es funktioniert nicht. Vielleicht ist es zu warm.

Die ganze Betrachtungs- und Gedankenarbeit hat am Ende überhaupt nicht zu einem reicheren Feldbegriff geführt, weil wir, wie sich bald zeigen wird, die meiste Felderfahrung wieder vergessen sollten, da wir ohnehin das meiste, was in unserem Leben passiert, ziemlich rasch wieder vergessen. Daher ist die Feldbegehung weder ratsam noch heilsam. Sie ist eigentlich überflüssig, aber wiederum nicht so überflüssig, dass uns jemand die Geschichte vom Feld einfach hätte erzählen, hätte rein verbal wiedergeben können.

Denn mindestens die Hälfte davon könnten wir uns ohne Feldbegehung gar nicht vorstellen. Ausserdem würde gar niemand kommen, der uns vom Feld erzählen könnte oder wollte. Diejenigen, die könnten, kämen nicht, und diejenigen, die wollen, könnten nicht, sondern würden uns etwas vormachen, das wir am Ende glauben würden, weil wir es gar nicht überprüfen können und sowieso schnell zu beeindrucken sind.

Wir könnten ein paar Tage vom Feld erzählen, weil wir im Moment noch wissen, wie das mit dem Feld geht. Aber es ist gar niemand da, der es hören möchte.

Und wenn doch einmal jemand käme, möchte er lieber etwas Lustigeres hören, aber das können und wollen wir gar nicht bieten. Wir sind keine geistreichen Geschichtenerzähler oder Unterhaltungskünstler. Wir meinen es ernst mit dem Feld. Und trotzdem passen wir und das Feld irgendwie nicht zusammen. Schade, denn wir hätten gern einen inneren Bezug zu diesem Feld entwickelt.

25 Der Mirabellenfresser

Nach der Feldvergewisserung wollen wir uns lieber wieder auf einen kleinteiligeren Horizont einstellen. Wir suchen nach alten, verlassenen Gärten. Das geht mit einer Schleichfahrt ganz gut, weil wir vom Auto aus die Gärten beobachten und uns etwas schneller als zu Fuss fortbewegen können.

Da vorne tut sich ein verfallener Garten auf. Wir steigen aus, gehen durch die rostige Pforte und setzen uns ins hohe Gras. Von dort aus sehen wir einen Mirabellenbaum und bald darauf einen Eichelhäher darin. Dieser Vogel gehört nicht zum Mirabellenbaum, er ist mehr im Wald verbreitet und der Baum eher im Gartenbereich. Der Eichelhäher fliegt in den Mirabellenbaum, hüpft darin herum, so dass der Baum wackelt, und fliegt dann mit einer unreifen Mirabelle im Schnabel – deutlich sehen wir die Frucht – ins nächste Unterholz. Der Vogel weiss, was gut ist, was ihm als Vogel gut tut. Aber die Mirabellen sind noch nicht reif. Vielleicht macht das dem Vogel nichts aus, weil sein Magen nicht zwischen geniessbaren und ungeniessbaren Mirabellen unterscheiden kann. Vielleicht freut sich gerade der Vogelgaumen über die Säure unreifer Früchte. Der Eichelhäher hört nicht auf zu ernten. Es folgt Ernteflug um Ernteflug. Natürliche Feinde sind weit und breit nicht zu sehen. Mirabelle um Mirabelle fliegt der Vogel zwecks Verzehr davon.

Nach einiger Zeit ist der Baum leer gefressen. Der Eichelhäher kommt immer noch und sieht sich um im leeren Baum. Obwohl der Baum so gross nicht ist, hätte seine Ernte wahrscheinlich einen kleinen Korb voll ergeben. Uns wäre schlecht davon. Warum will der Eichelhäher noch immer Früchte ernten? Wann ist ein solcher Vogel satt? Was geht in diesem Vogel vor? Jetzt muss er ein Jahr lang auf neue Mirabellen warten, oder er findet morgen einen weiteren Mirabellenbaum.

Was muss der Vogel nächstes Jahr für eine Freude haben, wenn er sieht, dass neue Früchte wachsen, dass sich das Futter von selbst erneuert, zur selben Zeit, am selben Ort? Das muss wie in einem schönen Theater sein: Der Vogel braucht nur noch seine Rolle zu spielen, die Hauptrolle natürlich. Unterdessen sorgt er mit Mirabellensteinen für neue Bäume. Doch die meisten Früchte frass er im benachbarten Wald, da wachsen keine neuen Bäume. Warum im dichten Wald, warum nicht auf dem Feld oder direkt auf dem Mirabellenbaum? Das wäre doch das Einfachste. Aber nein, der Vogel musste zum Verzehr ins Unterholz. Warum? Vielleicht aus Angst vor nicht vorhandenen, aber denkbaren Feinden?

Seltsam: Der Vogel nach der Ernte im Baum verwundert nach Früchten suchend, aber keine Früchte mehr findend, ein Schauspieler ohne Anlass für seinen Auftritt, obwohl die Bühne immer noch steht.

III Bananen

Die Koma-Katze oder *Wenn das Meer schon vor dem Auge beginnt*, so könnte unsere nächste Inselreise überschrieben werden, die bereits beginnt, kaum dass wir das Festland mit unbekanntem Ziel verlassen.

Hier gedeihen gefiederte Bäume mit aufwärts wachsenden Nadeln, als wären sie aus Plastik. Ein anderes Bäumchen besitzt runde Blätter wie farbige Kacheln im Gegenlicht. Die Erinnerung sinkt im Gewächshaustempo zu den Krokodilen mit stundenlang aufgeklapptem Maul, schrecklich angehaltene Zeit, nichts, das sich rührt. Die Autos mussten wir auf dem Festland zurücklassen.

Bananenblätter, wir sehen Bananenblätter direkt an der Autobahn wachsen, eine dichte Bananenverwaldung den Hang hinauf, eine aus Bananen gemachte Verbauung, eine schöne Ansicht für unsere neugeborenen Augen. In unseren Augenhöhlen spüren wir weiche Kugeln: Das Gehirn ist die Bananenblätter nicht gewohnt. Woher auch? Wir sind mit Brennnesseln aufgewachsen, nicht mit Bananen. Eine Brennnessel kann mit einer Banane nicht verwechselt werden.

Ein Film. Wir befinden uns in einem Film. Das ist vielleicht gar keine Insel, nur eine Inselfalle. Jeder wäre gern auf einer schönen Insel. Wir auch. Wir haben schon lang eine unbestimmte Inselsehnsucht mit uns herumgetragen. Obwohl wir von einer Insel kommen, würden wir jetzt gern wieder auf einer Insel sein. Wir haben vom Inselleben noch nicht genug.

Es hängt von der Sorgfalt des Auges ab, welche Erfahrungen es macht und wie es mit diesen umgeht, wie es sie begreift, weiterleitet, ablegt, oder ob es sie einfach totschweigt, was manchmal das Einfachste wäre. Vielleicht sperrten unsere Augen jahrelang Bananen weg, und wir haben es nicht gemerkt.

Wir können aber die Augen nicht allein in die Fremde schicken, sonst vertrocknen sie trotz der ungewohnten

Schwüle. Daher müssen wir den Augen hinterherreisen und mit dem Gehirn innerlich nachrechnen, was die Augen in Wirklichkeit gerade sehen, ob sie überhaupt etwas sehen, oder ob sie uns etwas verheimlichen. Ob das, was sie sehen, auch sein kann, oder ob sie einer Täuschung aufsitzen, was schnell passieren kann, wofür sie schliesslich nicht haftbar zu machen sind. Unsere Augen wandern uns sozusagen voraus, wollen hierhin und dorthin, wollen dieses und jenes sehen. Die Augen sind unsere Küstenwache, fliegen mit einem Helikopter die Felsen entlang und suchen und suchen. Aber was suchen sie denn die ganze Zeit? Sie suchen etwas, das ihnen gefällt, zum Beispiel Bananenblätter oder einen mit Dieselqualm gefüllten Tunnel oder schwarzen Sand, der aufgewühlt vom Meer am Ufer glänzt. Oft reicht den Augen etwas Schaum auf den Wellen, aber es muss ein natürlicher Schaum sein auf natürlichen Wellen. Dann freuen sich die Augen, und das Gehirn hat auch etwas davon.

Manchmal können wir aber den Augen nicht folgen, weil wir arbeiten, weil wir unser Geld verdienen müssen, damit wir am Leben bleiben können. Dann gehen die Augen ohne uns irgendwohin, und wir verlieren die Verbindung. Das ist schade, aber wir können die Augen verstehen. Wenn wir selbst ein Auge wären, würden wir uns genauso verhalten. Warum sollen wir jeden Tag zum Geld verdienen gehen, wenn wir stattdessen auf einer schönen Insel sein könnten? Was für die Augen gut ist, kann für den restlichen Organismus nicht schlecht sein. Wenn aber alle die Insel umrunden oder sich auf der Insel mit Bananenpflanzungen beschäftigen oder in den Tunneln aus Freude am Dieselgeruch verweilen, kommt kein Geld mehr aufs Konto. Ohne Geld kommt der Tod. Das ist nur eine Frage der Zeit.

Wenn aber nicht irgendwann einmal eine schöne Insel kommt, vertrocknen die Augen und werden trüb. Wenn sie einmal trüb sind, sehen sie nicht mehr viel. Wenn sie aber nicht mehr viel sehen, hat auch das Gehirn nichts mehr zu arbeiten. Dann löst sich auf Dauer der ganze Organismus auf, und wenn man ihn ins Meer wirft, schwimmt er in Einzelteilen davon.

27 Wir müssen aufsteigen

Wir beginnen mit dem Aufstieg ab Meereshöhe. Das Wasser wirft lang gestreckte Wellen auf die schwarzen Steine. Wir müssen eine Passage mit schweren Brocken überwinden. Vor uns stürzt Wasser die Felswand herab, das Grün glitzert, und wir wundern uns, dass auf dieser trockenen Insel Wasser einfach so von oben nach unten fallen kann, direkt ins Meer, ohne vorher einen Bach gebildet zu haben. Wir beginnen mit dem Aufstieg, wir müssen in die Höhe, wir haben uns vorgenommen aufzusteigen.

Jetzt kommt der Moment, in dem wir die ersten Höhenmeter gewinnen, die allerersten, unschuldigen Höhenmeter ab Null. Und schon weitet sich das Meer. Die Schritte sind schwer, es ist drückend schwül. Wir müssen nach wenigen Anfangsmetern das Tempo drosseln. Einige von uns fluchen schon. Zwei bleiben bei geschätzten fünfzig Höhenmetern auf einem Stein sitzen. Wir rufen ihnen aufmunternd zu, sie winken ab. Wir machen Zeichen, sie machen auch Zeichen. Wir gehen ein Stück den staubigen Pfad weiter, sie bleiben sitzen, der Beginn unserer Auflösung, wir haben unsere bisher gut funktionierende Ordnung bereits ein Stück eingebüsst.

Unten auf dem Meer dröhnt ein Marineschiff, es fährt ruhig und gleichmässig. Wir müssen uns setzen. Aus der nahegelegenen Bananenpflanzung tritt ein Bauer, grüsst, wirft uns drei kleinwüchsige Bananen zu, uns, die wir wie Affen auf dem Felsen hocken und im Moment einfach nicht mehr können. Der Bauer verschwindet auf dem steilen Saumpfad.

Wir erreichen bald darauf eine schmale Fahrstrasse, auf der sich kein einziges Fahrzeug bewegt. Ein Mann hockt auf einer Mauer und schaut aufs Meer. Blaue Gasflaschen stehen auf einem Kleinlastwagen. Weiter hinten ein Dschungel aus Lorbeer- und Eukalyptusbäumen. Blauweisse Hortensien drängen seitlich auf die Strasse. Der Weg führt in einen Wald, es riecht nach ätherischen Ölen, die Sonne brennt auf die Bäume. Am Boden liegen massenhaft Eukalyptusblätter wie bronzezeitliche Sicheln. Wir müssen weiter, egal, wie heiss und schwül es ist. Die Luftfeuchtigkeit betäubt das Denken.

Wir gelangen in ein Paradies aus Pflanzen, Blüten, Früchten. Sonne im Übermass, Süsswasser sprudelt frisch und hell aus Felsenspalten. Aber wir können nicht mehr richtig denken. Wir haben vergessen, warum wir überhaupt aufgebrochen sind, wir wissen nicht mehr, wohin wir eigentlich wollten, nur noch: vorwärts, aufsteigen, Höhenmeter gewinnen, so viel hat sich uns eingeprägt. Alles ist nur noch auf Höhenmeter ausgerichtet, kein anderer Gedanke kommt mehr, der etwas hätte reflektieren oder in Frage stellen können.

Der Vorwärtsdrang ist zur fixen Idee geworden, obwohl wir uns mehr und mehr als geschlossene Gruppe auflösen. Einige sind in den Bananenpflanzungen geblieben, andere liessen sich einen kleinen Wasserfall aufs Haupt regnen und wieder andere sind in einem schattigen Lorbeerwald eingeschlafen. Wir sind nur noch wenige. Später wissen wir, dass wir einige von ihnen nie mehr wiedersehen würden. Die Umstände setzen uns zu, die Gelegenheiten, still und unbemerkt vom einmal gefassten Plan abzuweichen, werden immer verlockender. Dennoch bleibt ein kleiner, kompakter Haufen Unsriger zusammen. Je mehr zurückbleiben, desto enger schliesst sich dieser Haufen zusammen und gewinnt im zähen Kampf mit den Widrigkeiten des Waldes an Höhe.

Tief unten im Meer zieht ein Schlepper mit durchdringendem Hämmern eine Arbeitsplattform. Wir sind mit unserer Höhe zufrieden. Das muss eine Schufterei sein auf einer solchen Arbeitsplattform, die durchdringend nach Schweröl riechen muss, stellen wir uns vor, während Schweiss unseren Rücken entlang in den Gürtel rinnt. Lieber Schweiss als Schweröl.

Wir erreichen erneut eine schmale Fahrstrasse, die der Höhenlinie folgt. Ein kleiner Lastwagen schwer mit Bananenstauden beladen biegt plötzlich um die Ecke, hätte uns fast überfahren. Wenig später hält er an, der Fahrer steigt mit langsamer Bewegung aus, setzt sich auf die Strassenmauer, die im Schatten einer kleinen Autowerkstatt liegt, und schaut aufs Meer, das tief unter uns eine blauschillernde Ebene bildet und am Horizont dunstig mit dem Himmel verschmilzt. Wir setzen uns auch auf die Mauer und schauen aufs Meer. Unsere Augen möchten sich mit diesem Meer vollsaugen.

28 Bis einer nach dem anderen ins Meer fällt

Mit dem Aufstieg sind wir nicht weit gekommen. Erschöpft fahren wir mit dem nächsten Bus an die Küste zurück in ein anderes Dorf, das gerade kommt und uns gefällt. Ein erneuter Aufstieg scheint unmöglich. Dunst zeichnet die Felsküste weich, das Sugimoto-Meer liegt mild und weit, Hitze drückt schwül von oben durch und belastet unseren Kreislauf. Es riecht nach Holzkohle. Stangen mit Wimpeln und Glühbirnen rahmen das Meer mit seiner diffusen Küstenlinie. Unter Cola-Schirmen lassen wir uns auf Plastikstühlen nieder. Die Sonne beginnt, seitlich auf uns einzustechen, Schweiss quillt aus Stirn und Rücken, wird vom Gürtel am Weiterrinnen gehindert. Wir essen Meeresschnecken, holen sie mit Nadeln aus ihren Häuschen, möglichst die gesamte Schnecke, die wie ein Mistwurm am Angelhaken an unserer Nadel hängt. Nicht hinsehen, sondern gleich in den Mund und auf der Zunge den Salz- und Meeresgeschmack auskosten, dann die zerdrückte, kleine Masse die Speiseröhre hinabwürgen.

Wir sitzen am Meer, stinken wie tote Fische und kleben wie Fliegen in einer billigen Falle. Ein Mann schnitzt an einem grünen Zweig, ein alter Kleinwagen beschallt uns aus heruntergekurbelten Fenstern, ein Fass qualmt, Buden, Kinder, jemand hockt am Meer und raucht eine Zigarette. Wir können uns nur rudimentär unterhalten. Meistens sagt einer von uns etwas sehr Einfaches wie zum Beispiel: Kuck mal, dort drüben ein Vogel. Oder: Der ganze Berg ist jetzt in den Wolken. Oder: Das ist ein schöner Ort. Dann sagen die anderen: Ja. Oder: Das stimmt. Oder: Das ist erstaunlich. Die meisten von uns haben einen mittleren Sonnenbrand trotz Wolken am Himmel und schauen mit Sorgenfalten abwechselnd aufs Meer und auf die unbarmherzig aufsteigende Felsküste.

Wir sitzen und sitzen. Das Denken ist irgendwann verloren gegangen, und die Kommunikation hat, wie es scheint, die denkbar einfachste Stufe erreicht. Die meisten von uns haben mittlerweile milchige Augen bekommen. Bei anderen wachsen die blauweissen Hortensien der Berge wie inwendig aus den Augäpfeln heraus, einfach so, ohne Ankündigung und weich wie die Blütenblätter dieser Blumen, samtig, aber irgendwie leer. Das Meerwasser kann widerstandslos eindringen und den ganzen Augapfel mit Salz ausspülen, was für das Gehirn offenbar Folgen hat: Einige stehen plötzlich auf und steigen mitsamt ihrer Kleidung ins Wasser, treiben plätschernd in der Brandung, winken uns zu, lächelnd, wie es scheint. Doch das Meer treibt sie allmählich seitlich ab, bis wir sie nicht mehr sehen können. Andere von uns laufen mit langsamen, unsicheren Schritten den betonierten Uferweg mit den hölzernen Wimpelstangen entlang, klettern über eine eingestürzte Mauer und setzen sich auf einen steil über dem Meer aufragenden Fels. Dort harren sie eine Zeitlang aus. Unseren Zeichen antworten sie nicht, bis plötzlich einer nach dem anderen wie faules Obst ins Meer fällt.

So sind nicht mehr viele verblieben. Wir strengen unser Gehirn an, um über die unerwarteten Ereignisse nachzudenken, uns mögliche Ursachen und Folgen zu überlegen und vernünftige Schlüsse aus den Geschehnissen abzuleiten, nur um uns vor Ähnlichem zu schützen. Ein erneuter Aufstieg ist kein Thema mehr. Wir müssen froh sein, wenn wir diesen Tag überleben.

29 Schräg zur See

Die *Apollo* liegt leicht schräg im Hafenwasser. Zwei Kräne laden Bananencontainer ein, der Schornstein raucht.

Oben auf der Klippe wachsen Palmen und gefiederte Bäume. Blumenbüsche durchbrechen das Grün, ein Teepavillon aus einer anderen Zeit. Ein Helikopter hebt vom Hafen ab. Wellen schlagen wie Löwenpranken auf den schwarzen Lavastein.

Blendend weisse Luxusjachten laufen aus, laufen ein. Hochseeangelboote mit Kampfstühlen im Heck und präparierten Ruten. Der Helikopter kommt zurück. Wir angeln im Hafen mit Brot wie die anderen Angler.

30 Schläfrig

Es riecht nach Zitronen. Drei Hunde kommen und gehen. Ein weisser Lieferwagen biegt ab. Ein Alter mit kariertem Hemd und voluminöser Sonnenbrille sitzt zwei Tische neben uns und schaut mit zwei anderen Alten dem Verkehr zu.

Sie haben zu dritt ein einziges leeres Glas vor sich, während jeder von uns hinter einem dicken Halbliter-Humpen döst. Andere Männer bilden eine Gruppe. Die drei Hunde von vorhin kreuzen in entgegengesetzter Richtung. Aus dem Inneren der Bar dringt diffuse Musik, Südamerika, ein Stapel Orangen, präzis geschichtet. Blumen überfluten die Verkehrsinsel, schwarzrote, dicklappige Blätter halten sich am dunklen Metallzaun fest, orangefarbene Stadtbusse, fahle Überlandbusse, gelbe Taxis und Architektur der 1920er Jahre mit dunkelroten Holzläden, grünen Einfassungen. Ein Motorrad zieht an der Kreuzung vorbei wie ein gefährliches Insekt. Die Berge oben liegen bereits in fein verstaubtem Dunst. In der Bar wird heftig debattiert, die drei Alten schauen dem Verkehr zu, das Glas ist immer noch leer.

Leute laufen in der Hitze leicht verlangsamt. Marktfrauen in Tracht schneiden neben uns mit energischen Bewegungen ihre Blumenbündel auseinander, schnittfrisches Grün weht einen Moment herüber. Den Marktfrauen scheint die Hitze nichts auszumachen, die Blüten besitzen Formen von Sicheln und Messerklingen, sehen gefährlich aus, leuchten wie Feuer. Was Blatt ist, ist dickfleischig, flüssigkeitsspeichernd und robust. Metallische Schnitte unterbrechen unsere Schläfrigkeit. Ein alter Volkswagen mit Dachgepäckträger, dahinter ragt ein weisser Schornstein auf mit roten Lettern I N S U L A R, daneben das Firmengebäude, Neo-Renaissance. Zuckerrohr war der erste Wohlstand der Insel. Die Frauen sortieren Blumen, die drei Alten sitzen jetzt in umgekehrter Reihenfolge an ihrem Tisch. So haben alle im Laufe des Tages die gleichen Sichtbedingungen auf den Verkehr.

Wir sind zur Ruhe selbst geworden, haben jedes Gespräch aufgegeben. Wie Seismographen tasten wir im Halbschlaf unsere Umgebung ab, prüfen Gerüche, die uns manches Lüftchen zuspielt, und bisweilen flackert einem von uns ein mildes Lächeln um die Lippen, während anderen mit der Zeit Sorgenfalten wachsen. Keine Rede mehr von einem möglichen oder gar in Kürze bevorstehenden Aufstieg. Der, der aufsteigen wollte, ist längst aufgestiegen und der, der ins Meer springen wollte, ist gesprungen. Einige sind für ein Höllengeld sogar zum Big-Game-Fishing ausgelaufen, haben Verhandlungen mit zahnlückigen Leuten dubioser Kleinfirmen nicht gescheut, um ein Mal, ein einziges Mal nur aufbrechen zu können. Der Traum vom grossen Fisch vibrierte plötzlich im Herzen, machte ausgerechnet die Stärksten von uns schwach. Mit glasigen Blicken und roter Haut werden sie am Abend in der Bar schwitzen und berichten, wie wenig nur zum ganz grossen Fisch gefehlt habe.

Wir sitzen derweil bei den Blumenfrauen, die ihre gepanzerten Blumen in reichlich Aluminium einwickeln. Ein Singender kommt und trägt die Blumen Kiste für Kiste durch die rote Metalltür der Markthalle und hört dabei nicht auf zu singen. Ein alter Mann mit Hut kauert auf den Stufen, einen Arm ausgestreckt auf dem Knie, den anderen ans Kinn gestützt. Der die Blumen wegträgt, singt unablässig, für Momente riecht es nach Zitronen. Der Stadtbus erscheint uns plötzlich ganz kurz, aber wir finden keine Erklärung. Wir riechen nochmals Zitronen, lauschen der eingängigen Musik aus der Bar, sehen uns auf einer bellenden Enduro mit schwarz glänzenden Helmen bei grüner Ampel vor dem restlichen Verkehr pfeilartig beschleunigen und den Berg emporschnellen.

Die Marktfrauen haben noch einige Flaschen Mineralwasser auf ihren leeren Plastiktischen. Grüne Stängel liegen am Boden. Die drei Alten sitzen wieder in der Reihenfolge, wie sie sassen, als wir kamen.

Ein alter Mann mit aufgeknöpftem Hemd wartet neben dem Denkmal, eine weisse Plastiktüte hinter sich, aus dem schattigen Grün hervorleuchtend, ohne dass er sie sehen könnte. Der Sockel des Denkmals ist mit farbiger Schrift beschmiert, seltsame Bäume, blühende Büsche. Ein anderer Alter sitzt auf einer Bank. Wir sehen nur das Gesicht, daneben einen Abfalleimer aus Plastik. Heisser Wind weht Blütenstaub und Blättchen von den Bäumen herab, ein trockener, lockerer Schneefall. Verdorrte Pflanzenknäuel hängen vom dürren Metallgeländer des Hauses mit geschlossenen Holzläden und verwaschener Fassade. Blütenstaub brennt in den Augen. Oder ist es der Staub sich auflösender Pflanzenskelette?

Der spitzgipflig bedachte Kiosk wirft schwere Betonrhythmen in den Park. Durch die Bananenblätter leuchtet grüne Sonne. Ein transparentes Baptisterium im Traum, wie Würste im Schlaraffenland die Baumfrüchte afrikanischer Herkunft. Wer wohnt im Haus hinter den Palmen? Zwei Schwarze biegen in die Gasse nebenan, aber Schatten schluckt ihre Gesichter. Vorhin sassen sie beim Kiosk, einer bewegte seinen Fuss im Rhythmus, der andere sah in den Park wie aufs Meer. Nun sitzt ein weiterer dort, Sonnenbrille im Haar, aber den Kopf in den Händen.

Glockenläuten schleicht weich gefiltert durch den Park. Wir haben vergessen, warum wir gekommen sind. Wir sitzen und schauen. Wir greifen nach den ledrigen Blättern, die von Zeit zu Zeit wie tote Vögel vom Himmel segeln. Ein paar Leute sammeln sich weiter links. Es hört nicht auf, Blütenstaub zu schneien, wir haben schon die Haare voll davon. Auch lanzettförmige Blättchen, klein wie Fliegenmaden, sind darunter.

Der alte Mann am Denkmal ist fort. An seiner Stelle sitzt ein Schwarzer mit blauem Hemd. Plötzlich steht die

Blechtür der Bühne offen wie ein hässliches Maul. Auf die Stufen hinter der Tür fällt Licht. Der Schwarze telefoniert, der andere Alte liest Zeitung. Zwischen den Bäumen im Gegenlicht öffnet sich ein rosa bemalter Balkon.

32 Ohne Fisch

Wir angeln wieder. In den Bergen steigen Rauchsäulen von Waldbränden auf. Bärtige Angler hocken am Hafen mit Wein aus Pappkartons. Andere sitzen stumm und starren ins schwarze Wasser, in das eine Windböe nach der anderen fährt. Einem von uns fliegt die Kappe weg, einem anderen wird das Brot nass. Wir essen billigen Kuchen wie die anderen Angler, was zum salzigen Hafen irgendwie passt.

Schaumköpfe auf den Wellen, weggeblasen die Schwüle, ein weisses Holzboot fährt frisch gestrichen aufs Meer. Die räumliche Lage der Hafenkräne im Gegenlicht können wir nicht bestimmen, Containerstapel, aufgedockte Bootsrümpfe, farbige Wimpel flattern knatternd mit auffallend hoher Frequenz.

Niemand von uns fängt einen Fisch, die anderen Angler wenigstens auch nicht. Zum Glück. Die Rümpfe der Yachten liegen wie künstliche Bananen im Hafen.

33 Die Container schlafen

Südamerikanische Musik pulst in unserem Rücken in den Eingeweiden der Bar. Der Abend naht schräg seitlich heran. Durch Wolkenschleier gefilterte Sonne sichert die grünen Berge mit Netzen aus weiss polierten Häuserkuben. Alter Hafenquai, verwitterte Baracken. Die Container schlafen hier draussen. Vor der Bar ruht das Hafenbecken. Zwischen stillgelegten Kränen patrouillieren Uniformierte. Das Bier ist schnell getrunken, die Erbsbohnen sind auch schon aus ihren Hülsen gesaugt und den Gaumen hinabgerutscht. Die Hitze des Tages hat uns Furchen in die Stirn geschnitzt. Wir schauen uns gegenseitig an und merken, dass glasige Augen durch uns hindurchsehen. Die Wände der Bar vibrieren. Die Hotels der siebziger Jahre stanzen ihr Betonraster in die Berge.

Ein Fischerboot legt an, einer steigt aus, geht in die Bar, bestellt, während wir nur den Mast des Bootes am Quai auf- und abwärts schaukeln sehen, ebenso den anderen Mann auf dem Boot mit flammend roter Kappe, Kopf auf den Ellbogen gestützt. Der Mann erscheint und verschwindet im Rhythmus der Wellen wie auf einer Bühne, daneben festgeschraubt ein gusseiserner Poller als Kulisse.

Instrumentalmusik heizt von hinten aufs Hafenbecken hinaus, wo die Marine mit grünroter Flagge langsam über die Bühne zieht, das Schiff scharfkantig und grau. Kanonen sehen wir keine. Die Kathedrale mit weissem Putz, grünes Fischerboot einlaufend, leuchtfarbene Bojen, Sonne sticht schräg ein mit dünnen Klingen. Weit, weit hinten peitscht die Brandung in Zeitlupe an den Lavafelsen hoch.

Die *Apollo* wird immer noch beladen. Einigen von uns kommt die Idee, auf ihr mitzufahren. Doch schon bald beenden sie ihren gedanklichen Ausreissversuch mit einem weiteren Bier. Zwei kleine Buben blasen schrill auf einer Flöte. Das seitliche Abendlicht dramatisiert die Szene.

Im Gebirge Böllerschüsse und Rauchwolken. Männer schieben beleibte Mütter vorsichtig in die Bar, das Fischerboot fährt weiter. Kinder müssen eingefangen werden, Angler angeln bewegungslos, zwei alte Männer starren aufs Meer, uns brennen die Augen. Die Sonne lässt die Aluminiumstühle blitzen und dreht langsam in die Bar hinein, das Blau des Hafenmeeres wird tiefer.

Neue Leute betreten die Bühne vor uns, Zigarette im Mundwinkel. Jemand rührt in einem Kaffee, ein Hund von links, ein Hund von rechts, eine Gruppe geht ab, Berge werden wellig, die schmale Flanke eines Krans hat volles Abendlicht. Orangefarben der Glanz mit einem fremden Gefühl. In unseren Augenhöhlen treiben milchige Kugeln ohne Anker.

34 Insel des Irrtums

Wir sitzen bei einem kargen Frühstück, essen helles Brot, trinken schwarzen Kaffee. Heute soll es auf eine entlegene Insel gehen, die von niemandem bewohnt wird, wie man uns erzählte. Wir wollen unbedingt dorthin, auf dieses menschenleere Eiland, das wir uns mit romantischen Farben bereits lebhaft ausmalen.

Nach dem Frühstück packen wir unsere Sachen zusammen und verstauen sie an Bord eines alten Holzschiffs. Ein ehemaliger Kapitän mit Mütze hat sich finden und überreden lassen, uns zur Insel zu fahren. Es verspricht, eine wunderbare Reise zu werden.

In der Bucht liegt ein schweres Flugboot. Es wirft seine Maschinen an. Zuerst drehen sich die Propeller langsam, dann immer schneller, ein Höllenkrach liegt schliesslich über der Bucht. Unser Schiff ist startklar, Leinen los, der kleine Diesel setzt sich in Bewegung. Das Schiff beginnt, langsam und gelassen auf das Meer hinauszufahren, während das Flugboot mit lautem Dröhnen abhebt. Wir entfernen uns kaum merklich von der Insel, das Ufer verschiebt sich langsam, immer neue perspektivische Ansichten der Küste treten in Erscheinung. Das Flugboot ist ein kleiner, dunkler Fleck am Horizont.

Kaum haben wir einige Seemeilen zurückgelegt, inzwischen ist das Segel gesetzt und der Motor abgestellt worden, tun wir gemeinsam mit dem ehemaligen Kapitän, der jetzt ganz allein unser Kapitän ist, einen tiefen Schluck aus den mitgeführten Flaschen. Die Flüssigkeit rinnt widerstandslos die Kehle herab und beruhigt uns. Die Wogen des Meeres haben einen gleichmässigen Rhythmus gefunden, gelegentlich kommt ein Vogel vorbei, in weiter Ferne bemerken wir die Silhouette eines Öltankers.

Obwohl der Tag noch nicht weit fortgeschritten ist, macht sich Müdigkeit breit, einer nach dem anderen sucht einen geeigneten Schlafplatz auf, lehnt sich irgendwo an und schliesst die Lider. Ausser Wind und Wellen ist nichts mehr zu hören. Eine andere Zeitrechnung senkt sich herab und erfasst Schiff und Passagiere. Wir können uns dem beruhigenden Rhythmus der Wogen und den betäubenden Wirkungen des Schlafes nicht länger entziehen.

Wir erwachen erst, als der Kapitän Land ruft, Land, nochmals Land. Der Lichteinfall hat sich verändert. Ein schmächtiger Streifen Land liegt am Horizont. Wir beginnen erwartungsvoll, die nahende Insel zu fixieren, kneifen die Augen zusammen. Wie der Kapitän uns erzählt, wohnt dort niemand, weil es auf der Insel nichts zu tun gibt, nichts, wovon jemand sinnvoll leben könnte. Die Insel rückt näher: sandige Uferzonen, dunkle Felsen dazwischen. Wir nehmen einen letzten Schluck. Dann steigen wir in das kleine Beiboot, schaukeln zur Insel, gehen an Land. Die ersten Schritte auf einem fremden Eiland. Niemand hier weit und breit ausser uns. Keiner, der ständig auf uns einredet. Es ist einfach nur still und schön. Wir sind endlich mit unserer Vorstellung von Sehnsucht allein. Das ist uns in den tiefsten Träumen begegnet, das haben wir uns seit langem immer wieder erhofft und vorgestellt.

Wir sitzen auf der Insel und schauen aufs Meer. Einige von uns sind ein kleines Stück gegangen, aber nicht sehr weit. Wir sehen sie auf der leichten Anhöhe hocken. Auch sie schauen aufs Meer. Alle sehen aufs Meer.

Es geht langsam auf den Abend zu, das Licht wird milchig und weich. Dann berührt plötzlich etwas unsere Füsse:

Wir bemerken grosse, pelzige Spinnen. Erschrocken rennen wir auseinander und versuchen, die nächst gelegenen Felsen zu erreichen. Doch auch hier kriechen bald Spinnen und wollen uns vergiften. Tod durch Spinnengift, Tod auf der Insel unserer Sehnsucht. Das Gift wird unsere Körper allmählich aufweichen, dann können andere Tiere sie ungestört aufsaugen und verzehren.

Wir sind verbrannt von der Sonne, unsere Hälse vertrocknet, die Füsse wund von scharfkantigen Lavafelsen. Was aber am schlimmsten ist: Wir müssen hilflos mit ansehen, wie unsere schöne Inselvorstellung von unbekannter Spinnenangst bedroht wird. Die Furcht macht plötzlich Schluss mit der diffusen Sehnsucht. In wenigen Minuten ist nichts mehr von ihr übrig. Mit dem Sinken der Sonne nehmen unbekannte Insekten zu, die offenbar nur auf uns gewartet haben und nun damit beginnen, immer hartnäckiger auf uns einzustechen. Die letzte Sehnsucht ist restlos verschwunden.

Wir wünschen uns, körperlos und frei über das Eiland zu schweben, denn das Licht, die Veränderungen der Landschaft durch das Licht und die tropischen Farben, die es mit sich bringt, sind immer noch irritierend schön, weshalb wir versuchen, den körperlichen Schmerz, der immer heftiger wütet, zu ignorieren. Wären wir Elfen, könnten uns die Tiere nichts anhaben. Es ist unser Pech, dass wir elfenlos geblieben sind und so, wie es scheint, auch weiterhin bleiben werden.

Wir entwickeln uns zu grossen Augengrotten, die unter tausend Körperqualen das schwächer werdende Licht, das in schillernden Farben verstirbt, gierig schlucken. Unsere Augen trinken alles Licht und alle Farben, während unsere restlichen Körperteile gemartert werden. Den Irrtum unserer Gedanken muss unser Fleisch bitter büssen. Nur die Augen bleiben verschont, und mit den Augen das Gehirn, schuld am hereingebrochenen Irrtum der Insel.

Wir schiessen Leuchtraketen ab, damit der Kapitän uns schnell aufs Schiff zurückholt. In den Augen der anderen sehen wir, was wir an diesem Abend auf der Insel erlebten, bevor wir in einen narkotischen Schlaf sinken.

35 Meereswolken bis ans Ende der Welt

Tintenblau herangeworfene Flut schlägt mit wässrigem Maul und dicken Pranken in die Lavafelsen. Schwarz ist das senkrecht hängende Grün. Walfang bis vor gar nicht allzu langer Zeit, einige Boote liegen noch in den Winkeln des Hafens. Schmale Weinterrassen fallen hinab zur See bis auf Meereshöhe. Sturm frisst in den Reben. Was schwarz war, wird farbig werden. Die Lava ist das Gedächtnis des Lichts.

Am anderen Ende der Insel ist das Meer schwarz wie Kohle. Die erloschenen Waldbrände haben sich als Brandschichten abgelegt. Wir sind an die Krabbenküste geraten bei kristallklarer Sicht. Die Böcklin-See wirft Schaum an grottenhafte Felsen, Schilfrohr ragt auf, Lorbeerblätter saugen das Wasser aus der schwülen Luft.

Der letzte Inselbesuch hat sich in Bilder verwandelt, der zeitliche Ablauf zu unscharfer Erinnerung verdichtet. Alles, was hätte erzählt werden können, hat sich im Meer aufgelöst. Eine Sprachunlust ist entstanden, ein Erzählverlust, um die Bilder nicht zu zerreden, die hundertmal erinnert werden können, ohne Schaden zu nehmen, im Gegenteil, mit jeder Erinnerung farbiger zu werden scheinen, während das Reden das Erlebte zu Hülsen verkürzen und verknöchern würde. Diese Bilder können weder gemalt noch fotografiert werden. Und doch musste sich dieser Inselirrtum einmal in Wirklichkeit ereignen, auch wenn er, im Nachhinein betrachtet, ziemlich dumm war und wir ihn uns, wären wir klüger, was wir aufgrund unseres Alters sein sollten, mühelos hätten ersparen können. Doch wir haben nicht das

Gefühl, sonderlich viel zu wissen, grössere Zusammenhänge zu begreifen oder planvoll in die Zukunft leben zu können.

Und nun? Inselbilder wie unscharfer Himmel, der beginnt, tief hängende Wolken aus allen Richtungen anzuziehen. Vielleicht kommen sie auch von den Bergen. Doch scheinen sie auf den Gipfeln festgewachsen zu sein. Die Meereswolken hingegen bewegen sich weicher über der haltlosen Weite bis ans Ende der Welt.

Wo sind die Wale, fragen wir uns, seit zwanzig Jahren nicht mehr gejagt und trotzdem verschwunden. Vielleicht ist das Meer voll von ihnen, und wir sehen sie nicht. Das Meer hat viel Platz für grosse Tiere. Der alte Walhafen wird abgebaut. Die Wale kommen von allein nicht mehr wieder.

36 Eine Lastwagenlandschaft

Asche treibt in der schwarzen Luft, Feuer zehrt am trockenen Unterholz. Im Eukalyptuswald ist der Boden aschen und leergefressen von Feuerzungen. Das silberne Licht entzieht den Pflanzen die Farben. Ein alter Landrover abgestellt zwischen Zweigen als kleine, kantige Behausung. Rotbraun bricht die Erde auf an diesem Abhang, weisse Wolkengeschütze stürmen über unseren Köpfen von Gipfel zu Gipfel, Sonnenlöcher brechen bis aufs Meer hindurch, Bergkühe kauen an trockenen Farnen.

Eine Strasse mit Kopfsteinpflaster. Wir können nur langsam fahren, wir wollen uns nicht schnell bewegen, bleiben bei den Kühen stehen, sprechen mit ihnen, die nicht viel von uns wissen wollen. Sie sind kleiner und zierlicher als die Kühe, die wir kennen. Einige von uns steigen aus und gehen zu Fuss weiter. Buschheide hier oben, mannshoch, kein Durchkommen querfeldein. Wir kleben wie Frösche am Fensterglas unserer Autos. Das Wetter schenkt reichlich

Wolken nach, die Temperaturen fallen. Unsere Gesichter sehen im dunstgedämpften Licht aus wie gemalt, unsere Augen noch farbiger und schläfriger als sonst. Ein Kleinlastwagen mit Personen auf der Ladefläche überholt und verschwindet vor uns im Wolkennebel.

Die Asche liegt luftig und weich im Eukalyptuswald, an den Bäumen sind noch fast alle Blätter dran, die Stämme unten schwarz verkohlt. Unsere Stossdämpfer haben keine Wirkung mehr, die Bremsen sind schwach. Unser Auto braucht wenigstens neue Bremsbeläge, denken wir.

Warmgefahrene Lastwagenreifen sinken in unsere Vorstellung von Glück, riechen nach heissem Diesel, der uns über das Gesicht der Insel schleift. Die Kühlerhaube zeigt uns ihre Biografie. Wir reden mit ihr, mit der weich geschliffenen Farbe, die schon so viel Licht gesehen hat. Der Lastwagen ist ein Denkmal, er könnte manches erzählen, aber er ist müde, möchte lieber ein ruhendes Bild sein, nur noch zuhören, manchmal nicht einmal mehr das. Wir haben nicht sonderlich viel zu berichten. Wir betrachten uns gegenseitig, aber es kommen kaum Worte aus uns heraus. Wir stehen da mit den Händen in den Hosentaschen, andere sitzen auf Steinen, wieder andere auf einer Mauer.

Wir schliessen uns dem Lastwagen an und fahren mit ihm ziellos über die Insel, verfolgen seine tägliche Arbeit, lernen viele Kurven und Kanaldeckel kennen. Tief in unserem Herzen graben sich die akustischen Laute des Lastwagens ein, wenn er die Kurven nimmt, die brutalen Steigungen in den niedersten Gängen, schwere Arbeit, schönes Gesicht, in diesem von Wolkengeschützen geschmirgelten Licht, das dem Lastwagen gut steht, das ihn südamerikanisch aussehen lässt und uns gleich auch, weshalb wir ein bisschen stolz sind, uns etwas von der fremden Rauheit um die Schultern legen. In diesem Licht ist vieles möglich.

Wir holen das bremsenschwache Auto aus der Werkstatt. Ölkanister stehen hier herum, eine Urkunde aus den

1930er Jahren hängt an der Wand, eine Oma schält Bananen, Kinder verstecken sich hinter Autoreifen. Der Lastwagen schleicht sich davon, unsere Autos fahren in die andere Richtung. Die Insel ist grösser, als wir dachten. Wir waren für Momente aus der Zeit gesprungen, die Werkstatt war die Nacht und der Lastwagen draussen die Hoffnung auf Wiederkehr.

37 Lastwagenkomplikationen

Ein Lastwagen will durch, hält an, steigt aus, sieht nach, telefoniert und schaut ins Tal. Ein anderer Lastwagen steht da, mischt Beton, baut etwas am Hang, parallel zur Strasse abgestellt. Es kommt einer der bleichen, ausgelutschten Überlandbusse, nur die Hülle eines Busses, ausgemergelt und auspufffaul. Der will auch durch, was aber jetzt nicht geht. Einer der Lastwagen muss ein Stück schräg zurück, der andere erst vorne links, dann rechts raussteuern. Doch zuerst muss der Bus zurück, leicht schräg lenken und dann ganz langsam vorwärts. Dazu muss einer der Lastwagen sich seitlich parallel an den Hang lehnen.

Die Stahlrahmenkonstruktionen, die Blechgehäuse, vor allem aber die warmen Reifendimensionen, Lenkräder und Fahrersitze müssen zusammenwirken, ineinander greifen, sich wechselseitig mit Handzeichen abstimmen, damit die gegenläufigen Fahrzeugbewegungen ohne Schaden ihre Fahrtrichtungen fortsetzen können. Die äussersten Fahrbahnränder bekommen Bedeutung; steil abfallende Kanten, auf welchen schwere Lastwagenreifen balancieren.

Das alles hätte in absehbarer Zeit ausmanövriert werden können, wäre nicht in diesem Augenblick noch eine Doppelkabine mit Holzpritsche gekommen und von der anderen Seite ein kleiner Lastwagen mit grünen Bananenstauden. Eilig hat es keines der Fahrzeuge, im Gegenteil, sie sind um die Komplikationen ganz froh, nur die Linienbushülse mit den Sperrholzsitzen, die wir durch die schmutzigen Fenster zu sehen glauben oder uns zumindest einbilden, gibt Dieselwolken durch den Auspuff und signalisiert damit das Bedürfnis, gelegentlich diesen Ort wieder verlassen zu wollen, was wir aber nicht wünschen, denn uns ist die Schwerverkehrskonstellation, die sich zu schöner Dichte gestaut hat, zum Studium der Lastwagen sehr willkommen. Nur in einer solchen Situation, die komplizierte Fahrmanöver auf engstem Raum in geringen Geschwindigkeiten notwendig macht, kann der innere Wesenskern der Lastwagen erforscht werden. Ein Schachspiel rollender Saurier.

Wenn die Lastwagen am Hafen nur so herumstehen, dazu mit abgestellten Motoren und abwesenden Fahrern, können wir unmöglich ihre Sprache identifizieren und ihre Reaktionszeiten beim Vorwärts- oder Rückwärtsfahren überprüfen. Das ist schade, wir haben solche Situationen immer bedauert, wenngleich uns die unverstellte Präsenz seit jeher begeisterte, weil wir in solchen Fällen ungestört die Profilstrukturen der Reifen ertasten und so im Laufe der Jahre ein untrügliches Gespür für den sicherheitstechnischen Zustand von Lastwagenreifen entwickeln konnten. Die Leuchtkraft der Rücklichter richtig einzuschätzen, fällt uns nach Jahren der Praxis nicht schwer.

Richtig begeistert sind wir, wenn wir die Motoren hören und miteinander vergleichen können. Die Lastwagenseele ist untrennbar mit dem Klang des Motors verbunden. Es gibt kein anderes Zeichen, das so zuverlässig auf das Innenleben des Lastwagens schliessen lässt. Und davon sind wir ganz und gar überzeugt, vom Lastwageninnenleben, vom Lastwagenwesen, diesen weichen, tiefen Stimmen aus dem Unbewussten einer grossen Menge Stahl, Blech und Öl. Aber ein schweres, zähes Öl muss es schon sein, kein so scheinheilig reines, nein, ein schwarzes, giftiges Öl. Nur solches passt zur melancholischen Seele des Lastwagens.

Diese Verschmelzung ergibt die charakteristischen Auspuffgase, die kein Personenwagen hinbekommt.

Natürlich muss auch die Kardanwelle frei liegen, damit die Kraftübertragung unmittelbar erlebt werden kann. Am besten noch in einer schönen Farbe gestrichen, nicht einfach grau, denn an einem guten Lastwagen muss zwar vieles grau sein, nur nicht die Kardanwelle, die muss wenigstens blau, lieber noch rot oder grün sein, aber das kommt auf den Gesamtfarbenzusammenhang des Lastwagens an. Es muss sich ein stimmiges und tragfähiges Farbkonzept ergeben, das man einem Lastwagen auch abnehmen kann. Wenn das Farbkonzept nicht stimmt, gerät der ganze Lastwagen auf ein schiefes Gleis. Dann kann sich die innere Lastwagenkraft nicht richtig entfalten, und das ist nach unserer Überzeugung die Hauptaufgabe eines Lastwagens, dass er seine innere Ruhe findet und aus einer ausgeglichenen Mitte heraus Kraft entwickeln kann, wenn es der Fahrer für erforderlich hält, sonst natürlich nicht, nur wenn der Fahrer die Lastwagenkraft auch wirklich will. Alles andere wäre eine herzlose Fehlsteuerung, die Unheil anrichten kann, vor allem Personen- und Sachschäden, die nicht wieder gut zu machen sind.

Wir sehen in Zeitlupe Bananenstauden an uns vorbeiziehen, aber dies mit vielen Pausen, Handzeichen, mit Anhalten, Aussteigen, Nachsehen, Winken, Aufsitzen und Handbremse lösen. Komplexe Manöver, nach Luft röchelnde Motoren, auf der Stelle langsam drehende und mit kleinen Steinchen knirschende Reifendimensionen, die schwarze Abnutzungsspuren auf der Strasse hinterlassen, Gewichtsbeweise in den Asphalt drücken, Dieselwolken wie müdes, abgespanntes Hirschröhren ausstossen. Und am Ende ein langsam abebbendes Verhallen. Ein Lastwagen nach dem anderen verschwindet um Kurven und Strassenbiegungen, bis sie alle weg sind; alle, die da durch wollten, genau an dieser Stelle, und tatsächlich auch durchgekommen sind.

Als schliesslich noch ein schwerer Wassertankwagen mit gewaltiger Russwolke ums Eck schleicht, kann er widerstandslos passieren. Das ist schade.

38 Vierachser, Barbetrieb

Ein alter Golf ohne Lambdasonde macht sich seitlich am Hang davon. Kartenspieler unter einem grossen Gummibaum lösen sich im Zank auf. Ein Vierachser mit Betonelementen rollt im Schritttempo den Berg herab an der Bar vorbei. Die Kaimauer wird mit neuen Fertigelementen und EU-Hilfe verstärkt, ein riesiger Hafenkran, ein Bagger, Stahlbeton und ein schwerer Muldenkipper. Das Knirschen des Stahls hören wir bis in die Bar. Unter dem Gummibaum sitzen noch ein paar übrig gebliebene Alte mit dem Maul offen in alle Himmelsrichtungen. Viel Erzählen ist nicht, aber nebenan, am roten Cola-Tisch, wo ein paar Sechzigjährige mit goldenen Metallarmbanduhren und Sonnenbrillen etwas zu verhandeln haben.

Die zankende Kartenbande lärmt unterdessen im Inneren der Bar weiter. Ein roter Citroën AX knallt seine vier Blechtüren zu, lässt den Motor an, löst die Handbremse und biegt ab, gefolgt von einem Toyota mit Männern in Unterhemden. Die Musik aus der Bar klingt nach Alkohol. Ein alter Mann mit blauem Netzhemd ruft etwas Richtung Gummibaum. Der Hafenkran knirscht mit den Raupen, knallroter Metallaufbau vor blauem Meer. Ein Bauarbeiter mit gelbem Helm und Zigarette im Mundwinkel lässt Wasser aus einem Hahnen in der Mauer in seine Plastikweinflasche laufen, die wie eine echte Korbflasche aussehen will. Drei nackte Oberkörper in einem Geländewagen halten an, palavern, wenden und fahren wieder ab.

Einer der Sechzigjährigen mit Goldbrille zupft die ganze Zeit an seinem Kinn, während einer mit Sandalen aus den

1970er Jahren in sich hineingrinst. Am Gummibaum schimpft einer aus der Kartenzunft. Eine andere Bar gegenüber hat die grünen Läden geschlossen und ist mit einem weissen Lieferwagen zugeparkt. Dafür hat eine winzige Kapelle Richtung Hafen geöffnet und lässt rote Kerzen brennen. Jetzt klingt feierliche Musik aus der Bar, es könnte ein Länderspiel folgen.

Auch das Nachbardorf befestigt seine Kaimauern. Die Alten unter dem Gummibaum geben wieder Ruhe, der Schimpfer hat ausgeschimpft, die Männer schauen wieder aufs Meer. Der Vierachser kommt unbeladen und locker mit leichter Staubwolke zurück. Da fängt schon wieder einer zu schimpfen an, aber wir können ihn hinter der Zeitung eines anderen nicht sehen.

Der gelbe Muldenkipper fährt wie ein Drachenkopf ans Ende der Mole und kippt seine Steine ins Meer, rollt zurück, schert seitlich aus, brütet eine Zeitlang in der Sonne, lässt einen weiteren Vierachser mit Betonelementen durch, steigt aus und ruht.

Wir wechseln zur Hafenbaustelle. Direkt daneben dümpeln Omas, Mütter und Kinder in der weichen Brandung und singen aus vollem Hals Spottlieder auf einen Mann, der am Ufer steht und mit den Händen fuchtelt.

Bauarbeiter verlassen die weissen Blechcontainer, und der Vierachser rangiert mit seiner schweren Last rückwärts. Wir sind mit dem Lastwagen zufrieden, auch der Muldenkipper ist uns sympathisch, nur der Hafenkran scheint etwas zu statisch. Ein wenig mehr Einsatz hätten wir uns schon erwartet.

39 Doppelkabine

Es folgt eine längst überfällige und wahrscheinlich notwendige Erweiterung unseres Lastwagenbewusstseins, das sich seit geraumer Zeit in Stagnation befindet. Uns interessieren nicht Aspekte der Stil- und Typengeschichte, firmenhistorische Facetten oder technische Daten und Details, wie wir sie früher im Kinderkartenspiel auswendig gelernt haben. Wissenswertes über den aktuellen technischen Fortschritt anzuhäufen, ist ebenfalls nicht unser Bedürfnis. Vielmehr gelangen wir zur Überzeugung, dass das fortgesetzte Studium des Lastwagenlebens eine beruhigende Wirkung auf unser empfindsames Gemüt und damit auf unser leicht irritierbares Seelenleben haben wird.

Eine beige Doppelkabine mit Kartons schiebt sich rückwärts aus einer Einfahrt, muss schräg rechts halten und dann das Lenkrad umstellen, Handbremse, Gangwechsel, Rückspiegel, vorwärts fahren, anhalten, aussteigen, nachsehen, an der Zigarette ziehen, aufsitzen, Rückwärtsgang einlegen, Kupplung strapazieren, ein Stück weiter fahren, wieder anhalten, aussteigen, sich auf eine Mauer setzen und telefonieren.

Eine Doppelkabine ist ein gewöhnlicher Fahrgegenstand ohne modisches Zubehör, ohne verchromte Kuhfänger, Nebelscheinwerfer oder farbige Applikationen, ein ganz normales Arbeitstier eben, das gar nichts anderes will als arbeiten, aufladen, abladen und von A nach B fahren. Oder einfach auch einmal herumstehen. Das am liebsten. Einfach da sein, nichts tun und in die Welt schauen. Wir können die Doppelkabine im Ruhezustand gut betrachten, die rohe Ladefläche aus Holz beispielsweise, das verbeulte Metallgitter vor dem Heckfenster oder die kargen Instrumente und Bedienungselemente im Inneren die abgewetzten Polster. Ein unaufgeregter Kleinlastwagen, der den Sprung vom verweichlichten Personenwagen in die raue Lastwagenklasse überzeugend genommen hat. Auch das Blech ist von äusserster Schlichtheit und das gesamte Fahrzeug geradezu aus Werktätigkeit gemacht, aus reiner und ehrlicher Einfachheit, pur und schnörkellos.

Nicht dass wir ein Lob auf die Arbeit singen wollen. Es ist nur die von allem Überflüssigen befreite Urform des nützlichen, funktionalen Kleinlastwagens, die uns fasziniert, wozu wesentlich die charakteristische Doppelkabine beiträgt. Neben Fahrer und Beifahrer ist es möglich, weitere Passagiere auf einer Bank im Fond zu transportieren, wobei die Innenausstattung, zum Beispiel Polsterstoffe oder deren Muster, von äusserster Zurückhaltung geprägt ist. Ob Sicherheitsgurte vorhanden sind, haben wir nicht kontrolliert, aber die annähernd kubische Form der Doppelkabine, die noch Platz für eine Pritsche lässt, erfreut uns jedes Mal, wenn wir sie auf der Insel herumfahren sehen.

Neben Doppel- finden sich auch Einzelkabinen, die den Vorteil einer grösseren Pritsche und damit einer höheren Ladekapazität besitzen, allerdings mit einer deutlich eingeschränkten Personenbeförderung auskommen müssen, was in der Praxis jedoch durch eine unkomplizierte Mitnahme auf der Pritsche problemlos ausgeglichen werden kann.

Aber nicht nur die Fahrzeuge, sondern auch ihre Tätigkeiten und Einsatzbereiche wecken unser Interesse, denn zahlreich sind die Beschäftigungen, denen sie nachgehen: Transport von Bananen, Zuckerrohr, Heu, Kartons, Mehlsäcken, Schafen oder Schweinen. Auch das Herumfahren ohne Fracht, das Anhalten an kleinen, unscheinbaren Bars oder das plötzliche, für uns unmotivierte Halten zählen zu den charakteristischen Verhaltensweisen. Oft sitzen Fahrer in den Kabinen und rauchen eine Zigarette oder lesen eine Zeitung oder lassen das Fahrzeug auf der Strasse stehen und setzen sich auf eine der zahlreich vorhandenen Mauern, die zwar kein Auto vor dem Sturz in die Tiefe bewahren, dafür aber unzählige Möglichkeiten des Verweilens schaffen, um einfach einmal abzusitzen und in die Täler zu schauen.

Manchmal kommt auch ein alter R 4 vorbei, ohne Pritsche, schade, aber verständlich, doch in seinem Verhalten den Einzel- und Doppelkabinen ganz ähnlich, nur vom Geräusch her – ein kleiner Benzinmotor – wesentlich milder gestimmt als die Doppelkabinen mit ihren knurrigen Dieselmotoren. So ein kleiner, doppelkabinenähnlicher R 4 kann aber genauso langsam fahren und ebenso unbegründet auf freier Strecke anhalten.

Sogar einen brombeerfarbenen Datsun älteren Baujahrs haben wir bei der Feldarbeit beobachtet. Er machte uns einen sympathischen Eindruck, denn er war in seinem Fahrverhalten auffallend defensiv, geradezu höflich. Wir hatten nie ein Problem mit ihm.

Ganz anders die alten VW Golf, die wie Berserker ums Eck schiessen und trotz ihres Alters und ihrer abgeschabten Erscheinung das Gefühl haben, die Strasse gehöre ihnen allein.

Einmal sahen wir ein sehr interessantes, weisses Auto mit langen, schmalen Rückleuchten, aber es lag auf die Seite gefallen in einem kleinen Garten. Da wir Angst vor Hunden haben, mussten wir leider auf eine genauere Untersuchung verzichten.

Ein anderes Mal kamen wir in ein entlegenes Dorf, das steil am Berg hing und daher nur wenig Platz für parkende Autos bot. Der Leichenwagen des Dorfes war beängstigend steil an den Abhang gefahren, ein lebendes und zugleich totes Mahnmal, das vor den Gefahren steiler Berge warnt. Erstaunt hat uns die braune Staubschicht auf dem schwarzen Lack. Der Wagen war eher braun als schwarz.

40 Der Lastwagendarwinismus der Insel

Was uns sonst noch auffällt, sind schwere Betonmischer, die alten mit drei Achsen, die neueren mit vier. Die Betonmischer überziehen in seltsam regelmässigen Abständen die gesamte Insel. Überall finden sie Möglichkeiten, frischen Beton abzulassen, auch wenn es an der betreffenden Stelle zunächst wenig sinnvoll erscheint. Wo auch immer sich eine hafenähnliche Situation an der Küste auftut, wird grosszügig Beton geliefert, um die schmalen Mauern massiv zu verstärken oder gleich den halben Hafen umzubauen.

Ähnliches geschieht in den Bergen: Wo auch immer ein Berg einem Automobil im Weg steht – die Insel besteht nur aus Bergen und Autos – wird gebohrt und gemeisselt, um neue Tunnels zu bauen. Dazu braucht es ebenfalls Beton: Der Fels will vernünftig verschalt und gestützt werden.

Aus diesen Gründen sind uns die Betonmischer weniger sympathisch. Sie haben es ständig eilig, rasen mit grösstmöglicher Geschwindigkeit über die Insel und bedrängen die kleinen Bananenlaster, die sich mit schwarzen Wolken auf den bergigen Strassen abmühen. Mit neuer Dieseltechnik schnell zu fahren ist kein Kunststück, aber mit der alten die innere Ruhe zu bewahren schon viel mehr. Deshalb gilt unser ganzes Wohlwollen den schwitzenden Bananenfahrern mit ihren alten, schlecht proportionierten Lastwagen und ihren abgefahrenen Reifen.

Der Lastwagendarwinismus ist ein Grundübel der Insel, das wir überall mitansehen müssen, aber leider nicht ändern können. Für unsere unvollständige und von manchen Launen abhängige Lastwagenkunde ist dies aber ein interessantes Phänomen, das viel über das Verhältnis der einzelnen Arten untereinander und über ihre soziale Intelligenz im Allgemeinen aussagt.

Ausgesprochen sympathisch sind uns hingegen die alten, buntfarbigen Wassertankwagen, die für Mensch, Tier und Pflanze gleichermassen nützlich sind. In ihrem Aussehen ähneln sie dicken, eckigen Zigarren, jedenfalls sind ihre Proportionen seltsam in die Länge gezogen. Ihr Alter muss beträchtlich sein, was wir der ungewohnt langen Motorhaube und den vielen Ächz- und Zischlauten entnehmen, die vom Lastwageninneren abgegeben werden. Solche Fahrzeuge sind nur sehr langsam unterwegs und versperren gern enge Kehren und kleine Brücken. Sicher sind sie schwer zu fahren und besitzen keine Lenkhilfen oder Bremsassistenten. Wir treffen sie meistens in ruhendem Zustand an. Sie riechen nach schwerem Öl und alten Reifen.

Mit etwas Mühe und Phantasie ist in der Blechoberfläche die Geschichte des Lastwagens ablesbar, nicht sehr genau und auch nicht nach Jahreszahlen. Dafür können aber die Spuren jahrelanger Werktätigkeit, die Herzfrequenzen der Biografie geortet werden. Das Ganze vervollständigt durch einen Blick ins Führerhaus, wo lange Hebel aus dem Innenblech hervorstehen, ein dürres Lenkrad, Schalter, Uhren und die verschlissenen Polster der Sessel wie lederne Haut in einem seltsam archäologisierten, aber trotzdem lebendigen Zustand.

Diese Tankwagen sind mittlerweile leider selten geworden. Eigentlich gibt es die Fahrzeugart kaum mehr, weil Leitungen den Wassertransport mittels Lastwagen nahezu überflüssig gemacht haben. Hier jedoch, direkt vor uns, ruht das unverstellte Altertum eines Lastwagens, Fahrzeugkraft, die noch Kraft ist, aber eben die Kraft eines anderen Zeitalters. Da lebt etwas, das gleichzeitig schon tot ist. Etwas befindet sich noch in Funktion und ist von der modernen Wasserversorgung doch längst überholt. Da mag noch etwas zu ursprünglicher Funktion gerufen werden, aber man kann den Lastwagen auch einfach so lassen, wie er ist.

41 An die Arbeit

Wir haben gehört, dass wir bald an die Arbeit müssen. Nach langen Lastwagenbetrachtungen, in die wir Tage und Wochen investierten, haben wir nichts anderes erwartet. Irgendwann muss sie ja einmal wiederkehren, die Arbeit. Sonst könnte passieren, dass gehungert werden muss, dass wir anderen Leuten zur Last fallen, fremde Personen belästigen, bebetteln, ihnen auflauern, sie bedrängen und Hausverbote in Gasthäusern erhalten. Unschöne Alternativen. Mit den Lastwagen haben wir unser Zeitvolumen ausgereizt. Schöne und für das Leben sinnvolle Beschäftigungen, doch leider ohne Möglichkeiten, damit Geld zu verdienen. Von irgendetwas müssen wir schliesslich leben, auch wenn wir unsere Ansprüche bis zu einer beschämenden Schmerzgrenze herabgeschraubt haben. Wir halten unsere Armut so gut es geht geheim. Wir wollen niemandem erzählen, dass wir ohne Arbeit und ohne festen Wohnsitz sind.

Eine übergeordnete Autorität sagt uns, was zu tun oder zu lassen sei. Auch dieses Übel müssen wir in Kauf nehmen, da wir durch die uns selbst auferlegte Bescheidenheit auf Leute angewiesen sind, die wir zuvor noch nicht einmal kannten. Also kommt die Zeit der Arbeit, die aber nicht die Zeit der Erfahrung beenden sollte. Schon früher mussten wir gelegentlich hart arbeiten. Aber das ging immer wieder vorbei. So wird es auch dieses Mal sein.

Zunächst heisst es, wir sollen ans Ende der Insel fahren, um bei der Bananenernte zu helfen. Also fahren wir mit ausgebleichten Linienbussen ans Ende der Insel. Weil wir nicht genügend Geld haben, fahren wir schwarz, werden aber zum Glück nicht erwischt. Da wir mittlerweile wieder ziemlich viele Personen sind, kommt unserem Erscheinen am Inselende eine gewisse Aufmerksamkeit zu, obwohl uns die dortige Autorität aus reiner Gemeinheit gleich in Kleingruppen aufteilt, um geschickt unsere Mehrheit zu brechen sowie alle daraus eventuell erwachsenden Ansprüche im Keim zu ersticken. Da wir an und für sich ehrliche und anständige Leute sind und den Autoritäten den gebührenden Respekt erweisen, lassen wir geschehen, was geschehen muss.

Unsere Kleingruppe wird zum Bananeneinsatz geschickt, während andere von uns in den Tunnelbau wandern. Zu unserer nicht geringen Freude stellt man uns eine alte Doppelkabine zur Verfügung, deren Ladekapazität wir durch sorgfältiges Aufzimmern der Pritschenbeschrankungen mit Waldholz beträchtlich erhöhen. So gerüstet, suchen wir mühsam nach dem uns beschriebenen Bananenfeld, wobei wir nicht verhindern können, kreuz und quer am besagten Bergrücken auf halsbrecherisch schmalen Pfaden herumzuirren, was jedoch den Vorteil hat, dass wir uns in unbeladenem Zustand mit den Fahreigenschaften der Doppelkabine vertraut machen können.

Schliesslich erreichen wir unseren Einsatzort, wo uns anstelle der erwarteten Beschimpfung wegen unserer nicht unwesentlichen Verspätung schmunzelnde Gelassenheit unter wollenen Mützen erwartet. Doch leider stellt sich die Bananenernte als äusserst anstrengend heraus. Vor allem in körperlicher Hinsicht zeigt sich rasch, dass wir dem Unterfangen kaum gewachsen sind, womit wir eigentlich nicht gerechnet haben. Wir schleppen uns mit den Bananenstauden ab, belasten wahrscheinlich die falschen Körperteile, wissen nicht, die richtige Hebelwirkung beim Aufladen der Stauden anzusetzen. Schweiss rinnt. Auch die klimatischen Bedingungen stellen sich als zusätzliche Erschwernis heraus, spätestens in dem Augenblick, in dem körperlicher Einsatz gefragt ist.

Schliesslich haben wir unsere Doppelkabine vollgeladen und müssen auf winzigen, uns bisher verborgen gebliebenen Wegen über die halbe Insel fahren, ausladen, wieder zurückkehren, aufladen, wieder durch die halbe Insel und so fort, bis irgendwann einmal nach vielen Tagen die ganze Bananenplantage abgeerntet ist.

Die inselspezifische, lässige Langsamkeit bei allen Arbeiten gefällt uns. Zu keinem Zeitpunkt kommt Unrast oder Eile auf. Jederzeit können wir die Arbeit unterbrechen, eine Zigarette rauchen, eine unreife Banane essen oder uns auf eine Mauer setzen und ins Tal sehen. Wir können sogar ein kleines Schläfchen halten. Niemand stellt den Wecker, macht uns Vorschriften oder kontrolliert unser Verhalten, was wir als angenehm und zumindest den klimatischen Bedingungen angemessen empfinden.

Aber wir haben nicht mit der Kargheit der Arbeit gerechnet, mit der Einsilbigkeit unserer Kolleginnen und Kollegen auf dem Feld oder beim Abladen der Bananen am Bestimmungsort. Hier wie dort verhält man sich zurückhaltend und stellt keine Fragen, man beschreibt nicht seine Beobachtungen, entwickelt keine Analysen oder Thesen. Selbst hinsichtlich Essen, Trinken, Wohnen oder Freizeitverhalten haben wir es mit einer schweigenden Welt zu tun. Kein Sprechen möchte aus den faltigen Mündern treten. Die Sitten sind streng, die Gepflogenheiten rau und ungehobelt. Wir essen nicht von ländlichen Holztafeln, wie wir uns das in unserer kindlichen Unbefangenheit vorgestellt haben, sondern von weissen Plastiktischen, sitzen auf Cola-Stühlen und werden widerwillig zu Trägern globaler Werbeindustrie. Es gibt nur eine Sorte unbekannten Fisch aus Blechtöpfen. Die Gabeln müssen wir selbst mitbringen und können für Trinkwasser froh sein. Nichts von wegen Landwein oder einmal die landestypischen Speisen kosten, ein romantischer Irrtum unsererseits.

42 Wassertankwagen

Ein Wassertankwagen steht rückwärts zwischen haushohem Bambus auf einem zugewachsenen Feldweg. Wir unterbrechen unsere Erntefahrt in der Doppelkabine, halten unmotiviert auf der Strasse an, steigen aus, rauchen eine Zigarette, schauen zuerst ins Tal und betrachten uns dann den Tankwagen. Wir sehen ihm ins Metallgesicht, in die Vertiefungen des Kühlergrills, in die grossen Leuchten, untersuchen die abgefahrenen Reifen, die hundertfach verbeulte Stossstange.

Die wesentlichsten Fahrzeugteile wie Motorhaube, Kotflügel, Fahrerkabine oder Tank sind mehrfach im Laufe der Jahre in der jeweils zur Verfügung stehenden Farbe und nach dem aktuellen Zeitgeschmack bemalt worden. Uns wird nicht ganz klar, ob der Lastwagen gerade arbeitet, ob er also ein Feld oder einen Garten mit Wasser betankt, oder ob er Pause macht. Wir vermuten, dass die Antwort irgendwo dazwischen liegt, dass zwischen Arbeit und Pause nicht so genau zu unterscheiden ist, was allen Beteiligten das schlechte Gewissen nimmt, nicht zu arbeiten, und ihnen doch das angenehme Gefühl verleiht, sich beim Wasser Entladen nicht zu überarbeiten.

Auf jeden Fall gibt der Tankwagen in seiner ungehobelten, aber sympathischen Kargheit ein wunderbares Bild im hohen Bambus ab, den der Wind mal hierhin, mal dorthin biegt, im Hintergrund das kalte Grün von Eukalyptusbäumen, während die grobstolligen Reifen in die weiche, rote Erde greifen, die von auslaufendem Wasser aus undichten Rohren aufgeschwemmt wurde.

43 Molenbau

Unsere Freude an Doppelkabinen, Tankwagen und Muldenkippern hält allerdings nicht lange an. Als das Bananenfeld abgeerntet ist, werden wir zum Molenbau geschickt. Dort angekommen, bellt uns die Baustellenleitung an, schickt uns zu den dreckigsten Arbeiten, macht sich über uns lustig, obwohl wir versuchen, alles recht zu machen. Wir sollen mit dem Muldenkipper Material für die Mole holen. Doch in Wirklichkeit ist der Muldenkipper ein uns völlig fremdes Fahrzeug, das anders reagiert, als wir es erwarten, obwohl wir eine kurze Instruktion in dessen Bedienung erhalten, wenn auch in einer Sprache, die wir nicht verstehen. Der Molenrohbau ist erschreckend schmal, weshalb uns die erforderlichen Wendemanöver mit dem Muldenkipper Schrecken wie Stromstösse in die Glieder jagen. Mit diesem gelben Stahlmonster unterzugehen im tintenblauen Meer erscheint uns bei aller Sympathie fürs grosse Tier eine beängstigende Vorstellung, verstärkt durch die Gewissheit, dass uns von allen Anwesenden der Baustelle sicher niemand würde retten wollen.

Zum Sinn des Molenbaus stellen wir keine weiteren Überlegungen an. Eine blaue EU-Flagge auf einem grossen, stolzen Schild ist Erklärung genug, auch wenn wir Belege dafür finden, dass an dieser Stelle weder vorher so etwas wie eine Mole oder ein Hafen vorhanden war, noch nachher ein solches Bauwerk tatsächlich gebraucht werden könnte. Egal, wir müssen bauen, bauen, um Geld zu verdienen, damit wir uns weiterhin am Leben erhalten können. Das Nachtlager in Containern lässt nichts von dem kürzlich noch erhofften archaischen Urzustand fremder Inselwelten durchschimmern.

Die aktuellen Berichte unserer Mitreisenden liefern keinen wesentlich anderen Befund. Der Tunnelbau wird uns sogar als noch schlimmer beschrieben. Die Atmung einiger von uns, zugegeben, es sind nicht die Stärksten, zeige kein gutes Befinden. Die Glieder von anderen fühlten sich noch eine Stunde nach Verlassen des Tunnels kühl und klamm an. Man befürchte Rheumatismus.

Vielleicht war die Suche nach dem inneren Lastwagenwesen ein Irrweg. Wahrscheinlich sind wir falschen Bildern aufgesessen, von unzutreffenden Voraussetzungen ausgegangen. Vielleicht aber auch, das ist unsere Hoffnung nach Wochen qualvoller Arbeit, haben wir es mit einem inneren Bild des Lastwagens zu tun, das nicht unwesentlich von unserer eigenen Biografie zehrt. Dieses Bild schleppen wir überall mit uns herum und knüpfen beständig neue Hoffnungen daran. Vielleicht genügt es, an die Hoffnung zu glauben statt an das Bild. Ein schöner Gedanke, den wir versuchen, noch eine Zeitlang lebendig zu halten.

Warum hat das Meer keine Wale mehr? Eine Schar kleiner Holzboote fährt am Abend wie ein Spuk von der rechten auf die linke Meeresseite und schiebt dabei einen gleichmässigen Motorenschall vor sich her. Das könnte ein Walfilmtheater werden, denken wir und überblicken von erhöhtem Standort die gesamte Meeresbühne, die sich vor uns ausbreitet.

Natürlich lehnen wir den Walfang ab und treten für den Erhalt der Meere ein und für alles, was im Meer herumschwimmt und geschützt werden muss. Was geschähe, wenn eines der Holzboote einen Wal finge? Und was wäre geschehen, wenn wir fünfzig Jahre früher bei einer solchen Jagd dabei gewesen wären und alles genau hätten beobachten können, vielleicht sogar von einem tödlich verletzten, wild tauchenden Tier bedroht worden wären und selbst Todesangst bekommen hätten, sich die Todesangst vom Tier auf uns übertragen und das Ganze mit dem Tod des einen oder anderen geendet hätte?

Es gibt keine Wale mehr, jedenfalls nicht hier in der Nähe der Insel. Aber vielleicht nehmen die Wale eines Tages wieder zu, stranden und müssen rund um das Jahr von ebenfalls bald kraftlos werdenden Freiwilligen ins offene Wasser geschoben werden, bis die Öffentlichkeit irgendwann dieses Theater leid ist und den Abschuss wieder freigibt. Aber niemand wird mehr wissen, wohin mit dem vielen fetten Walfleisch, das keiner mehr gewohnt ist zu essen.

Der Walfang gehört zur Geschichte dieser Insel. Die Auflösung der Walhafen kann die Walfanggeschichte nicht ungeschehen machen, aber die spärlichen materiellen Zeugen für immer dem Bewusstsein der Zukunft entreissen.

45 Pause im Paradies

Aufgetan werden soll ein Tag im Paradies, wo Blumen wie Bäume wachsen, Bäume wie Wasserfälle in den Himmel steigen und Wasserfälle aus lichter Höhe in unsere Augengrotten stürzen.

Auf dem Weg zum Feld vergessen wir, was wir auf dem Feld eigentlich wollten. Wir setzen uns an einen Berghang und schauen ins Tal. Zuckerrohr wächst neben uns, Blumen blühen, Insekten schwärmen. Wir bleiben sitzen und betrachten die Gegend, während weiter unten gepflanzt und gewässert wird. Wir bemerken kleine Brände in den Wäldern. Fliegende Asche lässt sich weiss auf unseren Haaren nieder, Dornengebüsch umrankt uns, Wale ziehen unten im Meer vorbei.

Die Felder weichen langsam zurück, die Wege und Pfade lösen sich auf, bis wir einsam im Urwald stehen. Wir sitzen in einem knöchernen Dornengebüsch und haben keinen Grund mehr zu gehen. Warum sollten wir jetzt gehen, wohin überhaupt, und wer würde uns erwarten? Wir bleiben im Wald, wir bleiben im Paradies, bis uns die verwaschenen Farben blasser Heckenrosen vor Augen treten und wir vom Duft tropischer Gewächse benebelt einer nach dem anderen ins trockene Laub kippen.

46 Metzgervorstellungen

Wir erreichen das Ende der Milchstrasse. Am Horizont des Nachtmeeres leuchten Lichter ferner Schiffe. Wir fahren mit einer Doppelkabine in den Wald der Lorbeerbäume, die das Tauwasser aus der Nacht saugen.

Im Lorbeerwald wachsen uns Flügel, und wir schweben über den schwarzen Baumkronen. Unsicher im nächtlichen Navigieren fliegen wir zu tief, berühren die Blätter. Drachenköpfige Flugechsen erwachen und ziehen uns an den Haaren. Auch unserem Auto sind Flügel gewachsen. Es vertreibt mit seinen ungefilterten Abgasen die Echsen. Es naht eine grässliche Wand aus Fliegen, die uns zur Landung zwingt. Wir stürzen, beleuchtet vom kalten Licht des Mondes, in eine Bananenplantage, rutschen die breiten Blätter herab und bleiben am Boden zwischen Blumen wie tote Käfer liegen.

Am anderen Tag kommen Bauern und laden uns auf einen Wagen. Wir sind von der Nacht und ihren Irrtümern benommen, sind zu unseren eigenen Chimären geworden, die wir selbst verursacht, die wir uns heimlich sogar einmal herbeigewünscht haben. Wir wissen nichts mehr, können uns an keine Einzelheiten erinnern. Die Bauern werfen uns nach kurzer Fahrt wie Mehlsäcke auf einen Haufen trockener Eukalyptusblätter in einem verlassenen Garten. Wir liegen neben vergessenem Baumaterial, über das Hibiskus gewachsen ist.

Die Nacht hat uns gelähmt. Wir können kein Glied mehr rühren, ausgeliefert wie Bananenstauden den kräftigen Händen einiger Männer, die uns wie kleine Kinder hochwerfen und mit einer Einzelkabine an einen anderen Ort fahren. Sie wissen nicht, was sie mit uns anfangen sollen. Wir liegen bewegungslos wie geschlachtetes Fleisch auf der Pritsche. Wir brauchen nur noch von Metzgern ausgewaidet und in geniessbare und ungeniessbare Teile zerlegt werden. Von diesem Geschäft verstehen wir nichts, aber wir haben die Messer und Schlachtbeile der Inselmetzger gesehen, die schweren Fleischerhaken, die Räucher- und Grillöfen aus verrosteten Ölfässern, die Spiesse, bestückt mit fetten Fleischbrocken.

Schlimme Metzgervorstellungen treten uns vor Augen, bis wir merken, dass wir nicht mehr sprechen, sondern nur noch bestimmte Ereignisse erinnern können. Eigentlich wäre uns lieber, wenn auch das Erinnern nicht mehr ginge, dann wäre alles nur ein unbekannter Traum. Wir sind das Rätsel der Männer, die sich nicht trauen, uns zu Filets zu schneiden. Wir leiden am feuchten Klima des Hinterlands, wo niemand hinfährt und selbst das Meer uns nicht helfen kann.

In der nächsten Nacht werden wir auf einen Lastwagen verladen und in einen Wald gefahren. An einem steilen Hang hält der Lastwagen und kippt uns seitlich ab. Wir fallen zwischen Pflanzenabfälle, faulende Fischköpfe, Ölfässer und alte Autoreifen. Der Steilhang ist ohne Ende, bis wir am Horizont des Nachtmeeres die Lichter ferner Schiffe erreichen und bald darauf das Ende der Milchstrasse.

IV Seefahrt

47 Holzfloss

Es kommt alles ganz anders. Wir treiben auf einem Holzfloss fort von der Insel. Schon der erste Versuch, uns vom Land zu lösen, hatte Erfolg. Damit haben wir nicht gerechnet. Jetzt treiben wir auf der See dahin, unsicher, ob unsere Entscheidung wirklich richtig war, während unsere Insel allmählich am Horizont verschwindet.

Doch es dauert nicht lang, da kommen neue Inseln auf uns zu, deren Felsen in der Abendsonne samtweich glänzen. Flaschengrün schlägt das Meer an die kiesigen Küsten. Wir wollen vermeiden, auf einer neuen Insel zu landen, und suchen daher eine Fahrrinne durch die Inseln hindurch, um freies Wasser und irgendwann einmal Festland zu erreichen.

Doch wir verirren uns zwischen den Inseln, verlieren die Orientierung und werden allmählich farbenblind. Feuer bricht auf einer der Inseln aus. Ein tropischer Sturm zerrt an unserem Floss. Wir wollen nicht untergehen und leiten eine Notlandung auf der nächstbesten Insel ein.

In der Nacht beginnt die Erde zu beben, und Seelöwen brüllen übers Meer, so dass wir vor Angst erstarren und uns nicht mehr bewegen können. In den frühen Morgenstunden sind die Seelöwen verschwunden, und wir beeilen uns, von der Insel fort zu kommen. Wir haben das Inselleben satt und wollen keine Bananen mehr essen.

Eine starke Strömung zieht uns nach Norden. Das Nordmeer sei unwirtlich, geht uns durch den Kopf, das Klima ungünstig. Wir sind nicht auf diese Witterungsbedingungen eingestellt. Wir befürchten, dass wir erfrieren könnten. Wir haben keine Decken dabei, um uns einzuhüllen, erst recht keine Thermowäsche. Zuvor haben wir nie Decken gebraucht, es war immer warm genug. Leider können wir an der Meeresströmung nichts ändern.

Die Temperatur fällt. Wir ziehen alle verfügbaren T-Shirts an und alle kurzen Hosen. Wir essen widerwillig sämtliche verbliebenen Bananen, damit wir unsere Mägen beruhigen. Wir treiben vor uns hin und merken lange nicht, dass kein Wind mehr weht. Wir träumen von der Wärme der letzten Insel, den Lorbeerwäldern, Wasserfällen, Lastwagen, bis laute Stimmen uns erschrecken, Stimmen aus Megaphonen von einem grossen Schiff herab. Ein Beiboot wird ausgesetzt, sammelt uns ein und bringt uns an Bord.

Was wir hier draussen wollten, fragen sie uns. Wir möchten von der Insel fort, antworten wir, sehen unser Floss auf dem Meer treiben, setzen uns an die Reling und betrachten das Meer, welches das Nordmeer sein muss.

48 Seefahrt im Nordmeer

Wir fahren mit dem Schiff durch das Nordmeer, schauen auf die See, salzig, wie sie ist, und grün.

Am Abend beginnt das Meergrün langsam zu verlöschen. Wir sitzen immer noch draussen an der Reling und wollen mit niemandem sprechen. Ein immenses, unergründliches Arsenal von Containern pflügt auf diesem Schiff durch das Meer.

Die rohen Sitten setzen sich an Bord fort, auch wenn das Schiff keine Baustelle und keine Bananenplantage ist und niemand von uns zum Arbeiten gebraucht werden kann. Es ist uns klar, dass uns bestenfalls der Status von Geduldeten zugebilligt wird, weshalb wir versuchen, den wenigen Seeleuten aus dem Weg zu gehen. Einzig der Koch, der ein finsteres Gesicht macht, scheint nach gewisser Zeit etwas Nachsicht zu haben und schiebt uns gelegentlich kalte Kartoffeln zu, die wir ungewärmt immer noch lieber haben als den matschigen Reis, der gläsern in den Schalen liegt. Nein, da pellen wir an der Reling lehnend lieber unsere Kartoffeln und lassen die Schalen in die See tief unter uns fallen, so tief, dass wir nicht mehr sehen, wo sie auf das Meer treffen.

Der Koch beginnt, in unserer Gegenwart das Schiff zu beschimpfen, die Mannschaft zu verwünschen, die gesamte Seefahrt zu verfluchen, alles, was mit seinem Beruf und seiner Existenz zu tun hat. Da wir brav zuhören, weil wir zu faul zum Reden sind, schimpft der Koch noch lauter, regt sich auf, wird rot im Gesicht. Als er plötzlich seine Zähne zeigt, bekommen wir es mit der Angst zu tun, sagen etwas Unpassendes, wie, die moderne Seefahrt sei sehr interessant, oder, man müsse die Mannschaft ja auch verstehen. Wir liegen nicht nur inhaltlich daneben, sondern sprechen auch viel zu leise, so dass der Koch uns nicht richtig verstehen kann. Was, brüllt er, was sagt ihr da? Nichts, wir haben gar nichts gesagt, antworten wir. Doch, ich habe was gehört. Nein, bestimmt nicht, wir bewegen manchmal nur die Lippen, wenn wir denken.

Der Koch macht uns Angst. Zuckerrohrschnaps trinkt er wie Wasser. Wir probieren auch und finden ihn grässlich. Nach einigen tiefen Zügen hat der Koch wieder sein finsteres Gesicht im Gesicht, was wir erleichtert als Zeichen der Beruhigung deuten. Vom Zorn aufgewühlt, aber vom Schnaps sichtlich gern gehabt, geht er zurück in seine Kombüse, um matschigen Reis für die missgelaunte Mannschaft zu kochen, die den Koch und die Gemeinheiten seiner Mahlzeiten verwünscht. Weil das Essen wie immer nicht schmeckt, wird nicht viel gegessen, weshalb auch nicht viel gekocht werden muss. Dafür schenkt der Koch Alkohol aus. Wir finden kaum mehr den Weg unter unsere Treppe, wo ein paar Decken liegen und wir uns wie Hunde zusammenrollen.

49 Konservenkrieg

Während unserer Seefahrt begegnen uns Kriegsschiffe, mal einzeln, dann wieder in geometrischen Geleitzügen.

Im Mannschaftsraum läuft Tag und Nacht ein Fernseher, der uns von wechselnden Sendern unterschiedlicher Länder über das Weltgeschehen informiert. Wir befinden uns durch die Life-Übertragungen sozusagen mitten im Krieg. Gelegentlich kommt jemand und schaltet den Krieg ab. Dann dauert es nicht lang, und jemand schaltet ihn wieder ein. Auf allen Sendern läuft der Krieg. Auch noch nach Stunden läuft genau derselbe Krieg wie vorher. Die Bilder treten auf der Stelle, während der eigentliche Krieg unterdessen weitermacht. Sorgsam vorsortierte Bildkonserven umhüllen den Globus.

Draussen hängt ein Himmel, der uns Angst macht. Ein Riesenwasser schwappt unterhalb des Himmels im Sturm und breitet sich unüberblickbar aus. Ganz weit weg gibt es eine Zone, da fliessen Himmel und Wasser zusammen.

Lärm tritt aus den Ohren, Bilder quellen aus den Augen, auf dem Meer treiben Personen, und Rauch steigt auf.

50 Das grosse Schweigen

Weil sich das Meer nicht mehr ändert, beginnen wir zu schweigen. Unsere Pupillen spüren keine Reize mehr, keine Bilder fürs Gehirn, kein Stoff mehr zum Reden. Wir schweigen so gut wir können, um aus der Leere ein Gefühl für unser Vakuum im Kopf zu entwickeln, das uns vielleicht in die glückliche Lage versetzen könnte, einen Weg aus der Einsamkeit zu finden. Die glückliche Lage hoffen wir zwar herbei, aber sie kommt nicht, stattdessen fallen wir zunehmend in geistige Faulheit, die nichts Erfrischendes an sich hat, sondern nur nach Militärdecken riecht.

Wir wissen nicht warum, aber jemand von uns fängt plötzlich zu sprechen an, dann andere auch, schliesslich bricht das Gespräch aus allen von uns hervor. Das Schweigen scheint überwunden. Alle reden und reden, erzählen

Geschichten, doch leider sind es immer dieselben Geschichten, die wir von den anderen längst schon kennen. Keine einzige neue Geschichte ist dabei. Wir wenden uns voneinander ab, weil wir die ewig gleichen Geschichten der anderen nicht mehr hören können. Wir verteilen uns auf dem ganzen Schiff, bis alle vereinzelt herumsitzen. Kein Winkel des riesigen Schiffes bleibt ohne uns. Wir sitzen im Mannschaftsraum, in der Kombüse, in den Klos, im Maschinenraum, auf den Dächern im Freien. Sogar in den Schränken sitzen welche von uns. Und alle reden, reden ohne Unterbrechung, aber niemand hört zu. Schön wird geredet, elegant bisweilen, weitschweifig, rhetorische Begabungen treten hervor. Aber niemand will mit dem Gesagten etwas zu tun haben.

Wir reden, weil wir Angst haben, auf diesem Schiff, auf diesem Meer das Reden zu verlernen, die Fähigkeit, Sätze zu bilden, dereinst stumm und dumm von Bord gehen zu müssen. Durch Reden ändert man nichts an der Lage, meint der Koch. Wer zuviel redet, verwirrt die Welt. Er geht in seine Kombüse, knipst das Neonlicht an, stopft sich etwas in die Ohren und kocht.

Nach einiger Zeit merken wir, dass uns das Reden verschleisst. Die Sätze, noch so sorgfältig formuliert, lösen sich wirkungslos in Luft auf. Komplexe Sprach- und Gedankengebilde gehen ohne Sinn und Verstand über Bord. Auch wer nur leise spricht, dem trocknet der Hals, der rotiert früher oder später um sich selbst. Nach und nach fallen wir in ein grosses Schweigen, das schlimmer und bedrückender ist als dasjenige zuvor, aus dem wir uns gerade erst befreit haben. Nun sinken wir wieder zurück in die bodenlose Leere mit den Augen auf dem ewig gleichen Meer.

Vielleicht sprechen einige noch innerlich weiter, aber aus den Mündern tritt nichts mehr hervor. Das Reden hat sich vielleicht ins Innere verlagert, sich zurückgezogen, um unmerklich ins Erinnern überzugehen. Es wird nicht mehr geredet, sondern nur noch gedacht und erinnert. Auch dumme Dinge können mühelos erinnert, können stundenlang hin- und hergewälzt werden, ohne dass jemand davon etwas merkt. Das scheint uns ein Vorteil gegenüber dem Reden zu sein, das von allen möglichen Leuten überprüft, bewertet, korrigiert und besser gewusst werden kann. Was die Einzelnen von uns tatsächlich denken und erinnern, ob sie überhaupt etwas denken, oder ob sie sich nur denkend stellen, wissen wir nicht und haben es auch nie erfahren, weil niemand von uns in der nächsten Zeit Lust haben sollte, sich über das auf dem Schiff Gedachte und Erinnerte auszutauschen.

Auch später hat keiner von uns die Sprache auf das Gedachte gebracht, vielleicht deshalb, weil niemand von uns unter diesen Bedingungen etwas Gescheites gedacht hat, sich stattdessen aber immer wieder dabei ertappte, Dummheiten begegnet zu sein. Wir vermuten, dass bald überhaupt nichts mehr gedacht, sondern nur noch der blosse Eindruck des Denkens herbeigeführt wird. Den Kopf stützende Hände, versonnene Blicke oder gesenkte Köpfe können dafür verwendet werden. Einige machen es sich einfach und ziehen eine Sonnenbrille auf, was immer irgendwie bedeutungsvoll aussieht. Diejenigen ohne Sonnenbrille ziehen sich Mützen tief ins Gesicht. Auf jeden Fall sind wir damit beschäftigt, die aufsteigenden dummen Gedanken abzuwehren und so gut es geht zu verdrängen. So können sie hoffentlich später nicht mehr richtig erinnert werden, auch wenn wir alle auf dem Schiff und dem Meer nachweislich etwas gedacht haben.

51 Komische Krankheit

Sonne fällt auf einige von uns, die wie Hunde zusammengerollt in Decken auf Deck liegen. Niemand weiss, was sie gerade machen, niemand interessiert sich dafür, ob sie denken oder schlafen oder an einer seltenen Krankheit leiden. Durch äusseren Bildentzug, so vermuten wir, haben wir zuerst zu sprechen, dann zu denken und schliesslich zu träumen begonnen. Jetzt haben wir zunehmend das ungute Gefühl, an einer Krankheit zu leiden. Natürlich gibt es auf diesem Schiff keinen Arzt. Doch wir finden immerhin ein kleines, weisses Schränkchen, nehmen alle Fläschchen und Tabletten heraus, lesen Gebrauchsanweisungen, was viel Zeit kostet und sich dennoch als überflüssig erweist. Unsere Selbstdiagnose ist ungenau, kein Mittel passt zu unserem bedrückten Zustand, zu den Angriffen eines ungewohnten Schmerzes, den wir bisweilen im Kopf, im Magen, in den Augen oder dann wieder eher im unteren Lendenwirbelbereich spüren.

Die Krankheitssymptome trennen und verteilen uns erneut: Die einen suchen die dunkelsten Orte unter Deck auf und fallen in einen Dauerschlaf. Die anderen sitzen in den Gängen des Schiffes am Boden und starren gegen die grauen Stahlwände. Die Seeleute ärgern sich über die Hindernisse und verteilen Fusstritte, was unsere Leute nicht zu stören scheint. Sie bleiben stumm wie Säcke liegen. Wieder andere von uns leiden an einer seltsamen Lethargie. Wenn sie überhaupt noch reagieren, dann mit beängstigender Langsamkeit. Einige von ihnen scheinen besonders schlimm dran zu sein, denn ihren erschreckend verlangsamten Antworten ist zu entnehmen, dass sie unsere Frage bereits vergessen haben und etwas sagen, das wir weder gefragt haben noch im Geringsten wissen wollten.

Uns selbst geben diese Krankheitsbilder kein gutes Gefühl. Wie soll es eines Tages mit uns weitergehen, wenn Land in Sicht kommt und wir ein sinnvolles Leben organisieren müssen, wenigstens Pläne fassen sollten, was wir mit uns auf Land am besten anzustellen hätten? Wir können diese Sorge zwar durchdenken, fühlen uns aber von einer bedrohlichen, uns bislang unbekannten Krankheit erfasst.

Mit zunehmenden Krankheitssymptomen schwindet paradoxerweise das Sorgengefühl vor dem künftigen Leben an Land. Wir finden nur noch vage Erinnerungen an ein Unbehagen, können sie aber nicht mehr mit unserem aktuellen Leben verknüpfen. Wir denken über sie nach, schauen sie uns von verschiedenen Seiten an, überlegen, was sie wohl bedeuten mögen, können aber nichts mit ihnen anfangen. So entsteht eine neue Sorge, weil wir merken, dass wir die alten Sorgen nicht mehr einordnen können. Das ergibt eine noch grössere Beunruhigung, weil wir gar nicht wissen, was die alten Sorgen ursprünglich für einen Anlass hatten.

Aus den alten und den neuen Sorgen entwickelt sich ein krankes Gemüt. Wir spüren, dass wir nicht mehr gesund sind. Da wir überall auf dem Schiff nur noch andere Kranke von uns finden, werden wir in kurzer Zeit noch kränker. Wir verstummen mit einem diffusen Sorgengefühl und fürchten uns vor dem, was kommen wird.

52 Unsichtbare Tote

Wir haben den Bewusstseinszustand wiederkauender Kühe angenommen, hocken in windstillen Winkeln an Deck, wenn es die klimatischen Bedingungen zulassen, und vegetieren in Gängen, Waschräumen, Frachtkammern, wenn das Wetter ungünstig ist. Meistens ist das Wetter schlecht, meistens liegen wir irgendwo in den Eingeweiden des Schiffs herum, rollen wie Heuballen mal hierhin, mal dorthin. Unsere Sinne sind schwer bebleit, alles, was einmal als Gehirn wuchs, ist oxidiert, noch nicht einmal die elementaren Lebensvorgänge des Essens und Verdauens funktionieren. Es bietet sich kein innerer Ast, an dem wir uns halten, geschweige denn hochziehen könnten.

Das sinnvolle Bilden von Gedanken fällt uns schwer. Wenn einmal ein Gedanke sich dazu entschliesst, in unser oxidiertes Gehirn zu treten, verfärbt er sich so unglücklich, dass wir oft gar nicht mehr entziffern können, welcher geistigen Herkunft er überhaupt ist. Da kann manches einfach so daherfliegen. Deshalb müssten wir die Frage klären, ob es ein Gedanke ist, der es wert wäre, mit halbwegs klarem Kopf gedacht zu werden. Als wir realisieren, dass sich der klare Kopf in absehbarer Zeit womöglich nicht so rasch wiederherstellen lässt, überkommt uns Angst.

Während uns dieses Gefühlsgedankengewebe mehr und mehr bedrängt, sehen wir plötzlich durch ein Bullauge eine grüne Graswand in nächster Nähe und mit beträchtlicher Geschwindigkeit vorüberziehen. Wir schrecken aus unserem Halbschlaf auf, glauben nicht, was uns das Bullauge zeigt, starren auf ein Bild, das mit bestechender Präsenz real ist. Wir hasten an Deck, wo tatsächlich grünes, nass glänzendes Wiesenland berghoch vorbeifährt. Die greifbare Nähe entsetzt uns, aber das Land ist wunderschön anzusehen. Manchmal schneidet die Sonne durch die Wolken und entflammt das glitzernde Gras.

Wo sind wir? Welches Land ist das? Festland oder Insel? Und was will unser Schiff so nah an diesem Land, ein Wiesenland, kahl, ganz ohne Baum und Haus, nur bedeckt mit nassem Gras? Die Schiffsmotoren reduzieren die Drehzahl, die Vibrationen verändern sich, wir verlangsamen unsere Fahrt, stehen allesamt gespannt an Deck, auch die Verschlafensten sind mittlerweile mühsam aus den hintersten Winkeln des Schiffs gekrochen und sperren verschreckt die Augen auf.

Eine kleine Anlegestelle erscheint, unser Schiff fährt nah heran, ankert, wirft Leinen und lässt die grosse Brücke vorsichtig herab, bis sie mit dem äussersten Ende auf die Anlegestelle trifft. Dann passiert lange nichts. Wir schauen hin und her.

Nichts geschieht an Land, nichts auf dem Schiff, niemand steigt aus, niemand hat uns erwartet. Schliesslich öffnet sich eine Tür im Frachtraum. Wir warten, können nichts sehen. Wir lauschen, hören aber nichts.

Aus dem Frachtraumdunkel kommen schliesslich zwei Matrosen mit einer Bahre, noch zwei und weitere dann. Ein kleiner Bahrenzug formiert sich, geht über die Landebrücke an Land. Auf den Bahren weisse Tücher, die Matrosen in leuchtend orangefarbenen Overalls, im Hintergrund glitzert junges Gras in der Sonne. Unter den Tüchern müssen Leute liegen. Die Bahren haben Gewicht. Der Zug schlägt einen schmalen Weg ein und verschwindet zwischen Hügeln. Mit leeren Bahren kommen sie zurück, mit vollen gehen sie wieder an Land. Das wiederholt sich, bis sich der Frachtraum wieder schliesst, das Schiff die Brücke einholt, ablegt und dicht am leuchtenden Gras aufs Meer hinausfährt.

Die Bilder des Bahrenzugs verlassen uns nicht. Tücher, Tote, Gras und Matrosen arbeiten weiter, verselbständigen sich zu Bildern, verdichten sich zu Filmsequenzen, multiplizieren, beschleunigen, potenzieren sich in den Gängen und Kammern des Schiffs, quellen wie Schaum aus allen Hohlräumen, geraten in ein heilloses Durcheinander. Wir mittendrin werden von Tüchern und Toten, von Bahren und Gras bedrängt, genötigt, zu Fall gebracht, bis plötzlich alles in den Sog eines Wirbels gerät und rasant zu kreisen beginnt.

53 Verhör

Nein, wir haben nichts gehört, nichts gesehen, keine Toten. Der Mann mit der Lampe blendet uns ins Gesicht. Unmöglich, es ist unmöglich, dass Sie nichts bemerkt haben: Das Schiff war voll mit Toten. Nein, davon haben wir nichts mitbekommen. Wir konnten uns frei bewegen, niemand hat uns eingeschränkt oder irgendwelche Bereiche verboten, wir sind auf dem ganzen Schiff herumgegangen, haben uns überall verteilt, bis in alle Winkel. Nein, es ist uns nirgendwo etwas Schlimmes aufgefallen, antworten wir übermüdet. Sie glauben uns nicht, sie können sich nicht vorstellen, dass wir nichts mitbekommen haben. Wir haben wirklich nichts gewusst, wiederholen wir irgendwann im Lauf der Nacht, woher auch? Wir haben mit niemandem ausser mit dem Koch gesprochen.

Sie hätten uns nicht auffischen müssen. Wer hat ihnen gesagt, dass sie uns retten, dass sie uns an Bord holen sollen? Niemand hätte später herausfinden können, ob sie an uns vorbeigefahren sind. Nur wir hätten es gewusst, wenn wir wach gewesen wären. Doch höchstwahrscheinlich wären wir beim nächsten Sturm untergegangen. Und jetzt will man uns dafür haftbar machen, dass offenbar irgendetwas mit dem Schiff nicht in Ordnung war. Wo sind überhaupt der Koch, der Kapitän, wo die Mannschaft? Den Krieg haben sie im Fernsehen gesehen. Die ganze Zeit über lief der Krieg. Auch wir haben den Krieg gesehen und dann immer wieder aufs Meer hinausgeblickt. Und was haben wir da draussen gesehen? Kriegsschiffe, jede Menge Kriegsschiffe. Jeder hat für sich seine Schlüsse aus den Kriegsschiffen da draussen und dem Krieg da drinnen gezogen.

Und jetzt sitzen wir hier in einem fensterlosen Raum, man behandelt uns mit Licht, macht uns Vorwürfe, erhebt Anklage. Was aus der Besatzung wurde, erfahren wir nicht, natürlich nicht. Wir haben uns gewundert und unseren Augen nicht getraut, als wir den Bahrenzug von Deck gehen sahen und dann nochmals und nochmals, wir haben nicht gezählt wie oft, haben nur geschaut und geschaut, bis sich das Ganze zu einem grossen Wirbel formierte und sich immer schneller zu drehen begann.

Man glaubt uns nicht, lacht uns aus, zweifelt an unserer Zurechnungsfähigkeit. Sollen sie, sollen sie uns doch für verrückt erklären. Wenn sie den Eindruck haben, wir seien verrückt, kommen wir vielleicht am schnellsten wieder aus diesem Raum heraus. Wir erzählen vom Wirbel, und was sich in diesem Wirbel sonst noch alles mitdrehte: Totenschädel, Hirschgeweihe, Walfischfleisch und Bananen, vor allem Bananen und Eukalyptusblätter, die beim Drehen metallisch aneinander schlugen, als seien sie bronzezeitliche Sicheln – ein Klirren, das nach Tod klang und Untergang. Wir waren mit Messern und Pistolen bewaffnet, stiegen in die Eingeweide des Schiffs und mordeten das lebende Fleisch, das weich und unschuldig herumsass. Wir verschonten es nicht, wir sahen die Angst in den weit aufgesperrten Augen des Fleisches, die starr und stumm vor Schreck um Erbarmen flehten.

Jemand knipst die Lampe aus und schaltet das Band ab. Der Raum ist banal, die Gestalten sind gewöhnliche Beamte. Eine Tür geht auf, man lässt uns laufen.

V Nacht

54 Nach dem Film

Wir sitzen in der Nacht in einer anderen Welt. Vögel beginnen zu singen und heben sich am eigenen Lied aus der Nacht nach der Seefahrt. Jedes Wort wäre unpassend jetzt.

In dieser Nacht ist alles gesagt worden, was einmal gesagt werden musste. Es kippt die Zeit, eine Erinnerung versinkt, eine neue folgt nach. Wir sind älter geworden. Der Morgen straft die überlängte Nacht. Wir haben unser Wort den Vögeln gegeben. Warum warten wir? Wir suchen mit den Augen nach den Vögeln, die zwitschernd auf den Morgen hoffen.

Seit wir schweigen, läuft unser Leben ab als Film, während die unsichtbaren Vögel singen. Nach diesem Film hört das Leben auf. Es wird nur noch Vögel geben. Wir sind zu einem konzentrierten Hören geworden, lauschen in die Nacht, bis wir unser eigenes Herz schlagen hören und deshalb vermuten, dass noch etwas Leben in uns ist.

55 Silberscheiben

Ist das noch dieselbe Nacht? Eine Stunde oder zwei haben wir überbrückt, dann wurde die Zeit unsicher. Wir essen einen Zigeunertopf aus mitgebrachten Konservenbüchsen. Zuerst die Büchsen in eine Glut gestellt, zuvor nach Materialien gesucht, die überhaupt eine Glut hergeben könnten, und ganz am Anfang mit Händen ein Feuerzeug betätigt. Diese Hände haben den Zigeunertopf essbar und der hat die unbehauste Nacht überhaupt erst erträglich gemacht. Alles hing ab von einigen Funken und ein paar Händen, die trotz der kalten Nacht funktionierten. Wir sind nackte Schnecken in fremder Nacht, ohne Zimmer und Zuhause, ohne zu wissen, wo wir hingehen, bleiben oder uns niederlegen sollen.

Ein paar Strassenlaternen und viel Nässe auf dem Asphalt. Das glänzt und bildet Pfützen. Unregelmässige, silberne Spiegel aus altem Regen liegen auf dem Asphalt für das künstliche Licht, damit dieses etwas hat, wo es hineinfallen kann. Es kommt aus den Pfützen aber nicht mehr heraus. Die Pfützen machen den Mund zu, schliessen das Licht ein, obwohl es vielleicht gar nicht in diesen Mund hinein wollte. Die Pfützen sehen mit Laternenlicht jedoch viel schöner aus. Das ist schade für das Licht, denn es hätte auch auf etwas anderes fallen können als ausgerechnet in die Pfützen, zum Beispiel auf ein Hafengebäude. Aber das Hafengebäude, das hier herumsteht, hat matte Oberflächen. Es möchte das Licht lieber nicht. Das Hafengebäude ist stolz auf seine matte Haut. Da kann das Licht nicht viel ausrichten.

Warum brennt das Licht in der Nacht? Vielleicht, damit man die schönen Münder der Pfützen sieht. Vielleicht ist es einfach nur schön, in der Nacht eine Lampe zu sein.

56 Übermacht

Auf der Wolkenunterseite der Welt hängt eine Stadt am Galgen der Nacht. Der schwere Nebel hat Fieber. Der nächste Tag ist kurz und krank. Wir liegen wie Herzinfarktpatienten im Hafengebiet herum und können mit dem Tag nichts anfangen.

Mit gefundenen Schirmen und provisorischen Mützen aus Plastiktüten treten wir gegen den feinen Nieselregen an, der uns von allen Seiten mit dem Geruch der nächsten Nacht benetzt. Wir fühlen uns endlich besser, raffen uns auf, laufen unbekannten Hausfassaden entlang, überlegen, wo wir uns unterstellen könnten, welcher Gebäudeeingang am wenigsten Kälte und am meisten Ruhe besässe, wo wir ausserhalb der Reichweite anderer Nachtgänger wären. Wir möchten in der Nacht nicht auf andere Nächtliche stossen, die uns vielleicht angreifen und uns unsere bescheidenen Habseligkeiten abnehmen könnten. Nein, solche Begegnungen wünschen wir nicht. Wir haben uns um die Sicherheit immer schon Sorgen gemacht. Jetzt stecken wir in einer unsicheren Nacht und können nicht mehr die Politik dafür verantwortlich machen. Und wenn wir dies täten, würde es uns nichts nützen. Wir haben jahrelang auf das Fernsehen geschimpft und die Politik für unfähig erklärt. Das ist lange her. Jetzt stehen wir in nächtlicher Unsicherheit in einer fremden Stadt. Es ist empfindlich kalt, und wahrscheinlich befinden wir uns ziemlich weit im Norden.

Wir betreten einen Schnellimbiss, füllen den ganzen Raum, stehen trotzdem noch bis weit auf die Strasse hinaus, nutzen die Gelegenheit, damit sich wenigstens einige von uns etwas aufwärmen können. Viele rote Nasen und leere Augen starren die verängstigte Belegschaft an, die ihre Lippen zusammendrückt und nicht weiss, was nun geschehen wird. Wir füllen alle Winkel des Lokals, einige werden bis in den Servicebereich geschoben, mehr und mehr von uns drücken von aussen in die wohlige Wärme hinein, was bei der Kälte verständlich ist. Die Belegschaft wird von uns geradezu bedrängt, traut sich aber nicht, uns des Hauses zu verweisen. Wie wollte sie dies auch durchsetzen? Wir sind einfach zu viele, wir sind in der Mehrheit, eine haushohe demokratische Überlegenheit ohne Zweifel, rein psychologisch eine Mehrheitskatastrophe für die verängstigten Bediensteten. Dabei wollen wir sie überhaupt nicht ängstigen. Wir haben ja selbst Angst. Wir sind friedliebende Leute, wollen keinen Radau machen oder unsere drückende Überlegenheit zu einer Vorteilnahme oder strafbaren Handlung ausnützen, was problemlos möglich wäre.

Wir haben keinen längeren Aufenthalt in dem kleinen Lokal geplant, sondern bestellen nur ein Schnellimbissessen. Dabei helfen uns farbige Abbildungen auf plastifizierten Speisekarten, auch ohne Sprachkenntnisse das Richtige zu wählen. Die Bediensteten bereiten verängstigt das Essen so schnell, gut und üppig zu, wie sie nur können, nicken mit den Köpfen bei der Essensübergabe und hätten sogar auf unser Geld verzichtet. Wir bezahlen, anständig wie wir sind, nehmen die Mahlzeit ein, verabschieden uns und kehren auf die kalte Nachtstrasse mit ihren Neonlichtern zurück. Von aussen hängen noch einige von uns mit Nasen, Augen und Mündern an der Glasscheibe der Imbissbude fest und schauen, was die Belegschaft jetzt macht.

57 Nachtlager

Wir laufen aus der glimmenden Stadt mit ihrem Nachtnebel hinaus. Die Last der Nacht ist noch nicht geschultert, die schlimmen Stunden kommen, wir ahnen es. Die Kälte beginnt zu beissen, die Kleidung ist vom Nebel klamm. In unseren Köpfen denkt es hin und her. Warum ist diese Nacht so unfreundlich zu uns? Warum schlafen andere Leute in Zimmern? Warum liegen nicht wir in den Zimmern, wo die anderen liegen? Und wer legt eigentlich fest, wer im Zimmer und wer auf der Strasse übernachten muss?

Falten und Furchen graben sich einigen von uns tief in die Stirn. Andere sehen einfach nur unglücklich aus, ohne dass sie etwas gedacht, gesagt oder gehofft hätten. Wir liegen nicht in Zimmern und werden uns in dieser Nacht wohl auch in keines mehr legen können. Die Türen zu den Zimmern bleiben für uns verschlossen.

Wir haben einige Türen probiert. Manche von uns rütteln kräftig, bis oben Fenster aufgehen und Stimmen auf uns einschimpfen. Wir antworten nicht, sondern gehen zur nächsten Tür, rütteln wieder, bis ein Hund bellt. Dann denken wir, es sei besser, weiterzugehen, weil wir mit Hunden keine Scherereien anfangen wollen, vor allem nicht, wenn alles so unübersichtlich ist im Dunkeln. Wir wundern uns, dass nicht schon die Polizei gekommen ist. Vielleicht kommt sie noch. Jedenfalls wird diese Nacht noch eine Zeitlang dauern, das steht fest.

Wir erreichen eine Strassenbaustelle. Einige machen kleine Feuerchen, um sich zu wärmen. Andere finden trockene Kartons und bauen sich daraus im Schutz von Baucontainern ein Nachtlager. Einige entdecken sogar einen unverschlossenen Bagger, klettern hinein und betten sich zur Ruhe. Aber der Bagger ist schnell überfüllt. Wir bilden an dieser Stelle eine Traube, die vom Baggergehäuse nach aussen quillt, bis unter die Kotflügel und die Baggerunterseite, wo sich zur Not auch noch ruhen lässt. Nach diesem Muster probieren die anderen, weitere Baufahrzeuge zu nutzen. Auch eine unverschlossene Strassenwalze kann als Nachtlager gebraucht werden, wo sich ebenfalls bald eine Traube Unsriger bildet. Wie Lemminge hocken wir zusammen, was eine gewisse Wärme gibt, die wir gut gebrauchen können. Es ist nicht schön, auf einer Strassenbaustelle zu übernachten. Wir hätten nach einer Notschlafstelle suchen oder am Bahnhof nach der Bahnhofsmission oder der Heilsarmee fragen können, fällt uns ein. Jetzt ist es zu spät. Ein Aufbruch lohnt nicht mehr, wir sind zu weit weg, die Nacht dauert schon zu lang.

Am anderen Morgen rücken Bauarbeiter an, stöbern uns auf, schimpfen auf uns ein, verteilen Fusstritte und Stockschläge. Wir schrecken aus unseren kargen Träumen auf, sehen über uns dreckige Baustiefel nach unten treten, hören Angst- und Schmerzensschreie, sehen Unsrige in alle Himmelsrichtungen davonstieben. Wir wehren uns nicht, versuchen stattdessen, schnell davon zu rennen. Bald merken wir, dass unser Gesicht blutet. Steine fliegen hinter uns her.

An Bäumen flammen violette Lichter. Frauen schleudern blühende Kirschbäume in einen See aus Himbeermarzipan und süssen Würsten, die wie grosse Boote darin dümpeln. Bodennebel benetzt unsere Gesichtshaut, die nass ist und sich wie toter Fisch anfühlt. Schon wieder flammt etwas am Himmel auf. Ein Schauer aus Sternen geht auf uns nieder. Schwarze Birnen an Bäumen gefrieren und platzen. Die Frauen entfachen grüne Feuer, singen schöne Lieder und locken uns mit glühenden Augen. Wir hängen seltsam passiv in dieser komisch gepolten Nacht mit ihren Feuern auf dem Berg der Verwirrung. Wir sind keine Kinder mehr. Die Männer unter uns verfallen den Frauen. Keiner hat den Lockungen etwas entgegenzusetzen. Unsere Frauen rufen umsonst. Es keimen Eifersucht und Zweifel. Nie zuvor stand uns der Wahn so nah.

Wir zerrinnen den Frauen zwischen schillernden Nägeln. Wir versickern wie trockener Sand zwischen ihren Fingern. Ein letzter Blick auf Kleid und Leib, dann brechen wir nach unten durch, sammeln uns als Schlacke in den eisernen Waggons, die wir beim Bäcker gesehen haben. Der steht daneben, ist alt geworden und spricht nicht. Wir sind unsicher, ob er uns erkennt, jedenfalls karrt er uns aus der Gefahrenzone heraus. Dafür sind wir ihm dankbar.

Mit Schlackengeschmack im Mund und knurrendem Magen liegen wir auf der Rückseite des Bergs auf einer Halde. Immer mehr Unsrige werden ausgekippt und fallen auf uns. Eine halbtote Masse aus Armen, Beinen, Körpern, so dass es schliesslich einen Bergrutsch gibt. Wir sacken ab, überschlagen uns, erleiden Prellungen und kullern am Ende des Berges in flacheres Land. Manche sind kurz zuvor an Bäumen zerschellt, andere werden von wilden Tieren gefressen.

Eine Nacht für Selbstmörder und Glühwürmer, Wahnvorstellungen und Halluzinationen, weil die Freiheit zu gross ist und uns die Wirklichkeit am nächsten Tag fressen wird. Wir wurden ohne Narkose seelisch verbrannt, was uns zwar niemand ansieht, aber dennoch ist es so, wie wir es uns vorsagen und aufschreiben.

59 Wir singen

Die Prellungen hat uns niemand bezahlt. Wir können uns sowieso keine Krankenkassenbeiträge mehr leisten oder ärztliche Behandlungen bezahlen. Der Bäcker arbeitet nicht mehr in seinem Beruf. Er schiebt Loren hin und her. Wir haben lange auf diese Nacht gewartet.

Kürzlich sind wir in einen Tag spaziert, der bald darauf schon wieder zur nächsten Nacht wurde. Und was dann kam, war nur der Schatten eines Tages. Er wackelt komisch, flackert, dann ist es vielleicht vier, vielleicht fünf Stunden dämmrig, und schon ist die nächste Nacht wieder da. Befinden wir uns so weit im Norden, oder hat sich unser Sonnensystem verschoben?

Wir müssen sehen, wo wir bleiben. Eine soziale Einrichtung, die uns helfen könnte, haben wir bisher nicht gefunden. Früher gab es in jedem Bahnhof eine Bahnhofsmission, und die Heilsarmee sang frohe Lieder. Jetzt sind sie verschwunden. Heute könnten wir sie brauchen, würden uns überwinden und nach einer Mahlzeit oder einem Nachtlager fragen. Damals hatten wir das nicht nötig, haben uns lustig gemacht und sogar einmal aus einem Missionskörbchen eine Brezel gestohlen. Das tut uns leid. Wir hätten die Brezel lieber heute. Damals waren wir sowieso schon satt. Da hat die Brezel gar nichts gebracht.

Ohne Obdach geraten wir mehr und mehr in einen ungepflegten Zustand. Wir werden zu Bartträgern, obwohl wir überhaupt keine Bärte mögen. Aber ohne Bartscheren können wir uns gegen die zunehmenden Bärte nicht wehren. Der Bart kommt, wenn die Schere fort ist. Mit fettigen Haaren laufen wir in Nacht und Nebel durch Vororte. Unsere Hosen schlottern verschlissen um die Knie. Brauchbare Dinge wie einen Schlafsack oder Flaschen schleppen wir in Plastiktüten mit uns herum. Wir tragen Kutten mit Hakenkreuzen, aber das entspricht keiner politischen Gesinnung. Hakenkreuze sind uns eher unsympathisch, aber wir haben keine andere Bekleidung gefunden, wir mussten nehmen, was wir kriegen konnten. Aber so schlimm ist das gar nicht: Keiner regt sich mehr über Hakenkreuze auf. Wir hätten auch Hammer und Sichel getragen, ein Kreuzritterkreuz oder die Fahne der DDR, deren Nationalhymne in letzter Zeit wieder in unser Herz gelangt ist. Manchmal singen wir sie laut aus uns heraus. Das gibt uns Mut in unserer derzeitigen Lage. Diese Hymne ist gut, wenn man sich schlecht fühlt. Man kann auch schweigen und einfach nur mitweinen.

Auferstanden aus Ruinen. Wir singen laut und laufen mit Hakenkreuzen herum. Die Leute kucken weg, wenn wir kommen. Sie wechseln die Strassenseite. Wenn es Tag wäre, würden sie das vielleicht nicht tun. In der Nacht sind wir wahrscheinlich eine Bedrohung, auch wenn man die Hakenkreuze gar nicht sieht. Vielleicht mögen die Leute die DDR-Hymne nicht mehr. Wir finden sie schön. Sie gibt uns innere Kraft. Von innerer Kraft haben wir derzeit nicht viel.

60 Patientenbeschaffung

Auf freier Strecke hält plötzlich neben uns ein Kleinbus. Vier Leute springen heraus, schauen uns mit grossen Augen an. Es ist fast dunkel. Sie kontrollieren jeden von uns. Sie suchen nach Patienten. Wir sind keine Patienten, wir sind normale Passanten. Es ist nichts Ungewöhnliches, als

Gruppe mit Plastiktüten im öffentlichen Raum herumzulaufen und ein Nachtlager oder einen geeigneten Aufenthaltsort zu suchen. Das machen andere auch. Irgendwo muss man ja hin mit sich.

Manchmal begegnen uns andere Gruppen, was unangenehm sein kann, weil sie uns mit Misstrauen beäugen, gelegentlich eine Bierflasche werfen und einmal sogar einen von uns anzünden wollten. Aber wir lassen uns nicht provozieren. Wir flüchten meistens und vereinzeln uns. Das Wiederfinden ist jedes Mal kompliziert, weil wir keine Handys mehr haben. Wir konnten die Gebühren nicht mehr bezahlen. Die letzten Geräte haben wir kürzlich auf einem Flohmarkt an dunkelhäutige Mitbürger verkauft. Ihnen war unsere Kleidung egal, Hauptsache, sie kamen günstig an unsere Telefone.

Wir bleiben lieber auf der Strasse, als Patienten zu werden, sagen wir den Leuten mit dem Kleinbus. Als der Wagen abfährt, fragen wir uns, ob das eine gescheite Antwort war. Wären wir Patienten geworden, hätten wir ein Obdach und etwas zu essen bekommen. Wer aber bezahlt uns das Patientendasein? Patient ist man nicht gratis. Vielleicht muss das Militär als Patient nichts zahlen. Das Militär erweist sich in dieser Zeit zwar auch nicht mehr als krisenfest, aber immerhin als zählebig und vergleichsweise zahlungsfähig. Die meisten Krankenhäuser sind nicht mehr rentabel und schliessen. Die Militärkrankenhäuser sind härter im Nehmen. Sie sind staatstragend. Wer nicht staatstragend ist, verschwindet. Die Leute waren von einem nicht-militärischen Krankenhaus, das haben wir dem Kleinbus angesehen. Sie müssen sich ihre Patienten suchen, sonst droht ihnen der Berufswechsel. Wir haben auch einmal einen richtigen Beruf gehabt.

Wahrscheinlich wollten sie aus unserer Mitte einige halbwegs zahlungskräftig aussehende Individuen herauslesen und zu einem Leben als Patient überreden. Die Überprüfung schien jedoch rasch abgeschlossen. Offenbar machte keiner von uns einen solventen Eindruck. Jetzt wissen wir: Unsere Zahlungsunfähigkeit kann man uns von aussen ansehen.

Aber es kommt gar nicht auf die äussere Erscheinung an, meinen einige von uns. Nicht die Optik entscheide, sondern die inneren Werte seien ausschlaggebend, dass man als Mensch in Ordnung ist, dass man trotz widriger Umstände ein soziales Wesen bleibt, dass man sich nicht innerlich von der gesellschaftlichen Ordnung verabschiedet und stattdessen verroht, verkommt und am Ende kriminell wird. Wir überprüfen unseren äusseren Zustand, an dem sich nicht viel ändern lässt, haben aber das gute Gefühl, dass wenigstens innerlich alles in Ordnung ist, auch wenn man uns das nicht ansieht. Das ist schade, aber innerlich sind wir immer noch wertvoll.

Zwischen unserer äusseren Verwahrlosung und den ewigen Nachtzuständen vermuten wir einen Zusammenhang. Warum ist es immer Nacht? Und wenn es einmal dämmert, wird es kaum mehr richtig hell. Wir vermissen die Sonne. Wir wünschen uns die Wärme zurück für unsere gichtigen Knochen. Wir sind es leid, uns mit stinkenden Decken und alten Mänteln zu behängen. Wenn wir sie einmal ablegen könnten, würden wir nicht mehr so stark stinken. Zum Glück riechen wir unseren eigenen Gestank schon lange nicht mehr. Vielleicht ist der Gestank der Grund, warum uns die Leute ausweichen. Das hat vielleicht gar nichts mit der Nacht, unserem optischen Aufzug oder unserer Gruppenstärke zu tun. Vielleicht erscheinen sogar einige von uns zahlungsfähig, wurden aber wegen ihres Gestanks und den daraus zu erwartenden Umständen nicht mitgenommen. Wer stinkt, macht Probleme. Dabei stinken alle von Natur aus. Alle Tiere stinken. Es ist eine Gemeinheit, Stinker zu diskriminieren.

Wir hätten für ein öffentliches Ärgernis gesorgt, sagen sie, und leuchten uns mit Lampen an. Was für ein Ärgernis? Wie können wir ein Ärgernis bilden? Was ist überhaupt ein Ärgernis, und wer sagt, was, wie und warum ein Vorfall als Ärgernis ausgelegt wird?

Die Polizei habe protokolliert, dass es ein Riesenärgernis gewesen sei, zu dem fast alle von uns beigetragen hätten. Wir können uns nicht erinnern. Es fällt uns nichts dazu ein. Sie können uns alles erzählen. Wir sortieren Bilder, die in unserem Gehirn herumliegen. Da sind vielerlei Bilder darunter. Wir können sie nicht so rasch ordnen. Es gibt Bilder, die für uns eine Belastung sind. Wir sehen Bilder, die unser Gemüt bedrücken und uns eine schwermütige Stimmung machen. Wir wollen aber keine schwermütige Stimmung haben. Das Leben ist im Moment schon schwer genug. Wir hätten lieber einen heiteren Tag mit etwas Sonne und einer schönen Aussicht. Im Raum, wo wir sitzen, gibt es keine Sonne, sondern Neonröhren und blasse Gesichter, die uns wie lebende Leichen anschauen.

Was wollen sie von uns? Wie können wir richtig reagieren, wenn wir Bilder sehen, die unsortiert auf uns herabschneien? Wie sollen wir daraus einen gedanklichen Zusammenhang bilden? Wir können uns an das, was man von uns hören will, nicht erinnern. Sie nehmen uns Blut ab für eine Alkoholkontrolle, leuchten uns in die Augen, führen Tests mit uns durch. Sie ekeln sich vor uns. Wir seien lernbehindert. Lernbehindert und straffällig.

Davon haben wir nichts gewusst, damit haben wir nicht gerechnet. Wir erschrecken, nehmen unsere Köpfe in die Hände. Einige von uns kriechen unter einen Tisch, andere fallen auf den Boden und strampeln mit Armen und Beinen. Wieder andere fangen zu heulen an und werden violett im Gesicht. Es ist furchtbar. Es kommt zu krawallartigen Zuständen. Wir geraten einer nach dem anderen in einen emotionalen Ausnahmezustand, jeder auf seine Art, jeder wieder anders. Wir machen den Raum des Verhörs zur Hölle. Einige lassen die Hosen runter und scheissen auf den Boden. Einer öffnet ein Fenster und springt. Ein anderer zündet zuerst den Papierkorb und dann einen Sessel an. Die Situation gerät ausser Kontrolle. Uniformierte kommen, die Staatsgewalt schreitet ein, arretiert, inhaftiert und drangsaliert. Wir haben plötzlich Stiefel im Gesicht, Beine im Bauch, Stockschläge auf dem Rücken. Es herrscht ein fürchterliches Geschrei. Immer mehr Uniformierte kommen und führen einen nach dem anderen ab. Neben Kot sehen wir eine Hand liegen. Sessel brennen, Glas splittert, Kommandos, Blutlachen, Leblose. Verletzte Helfer werden von anderen Helfern rückwärts aus der Hölle gezogen.

62 Für die Welt was lernen

Es ist immer noch Nacht, glauben wir. Vielleicht ist es draussen längst schon Tag, doch hier drin gibt es keine Hoffnung auf einen Tag, hier ist es immer dunkel, feucht und kalt. Es stinkt. Wir tasten uns an einer Wand entlang, stolpern über einen Gegenstand, erreichen eine Querwand, fühlen eine Tür, verschlossen, die nächste Wand, wir fallen auf ein Bett.

Lernbehindert und straffällig. Wir erinnern uns an nichts. Bilder vom Kloster, vom Garten, Bilder von der Insel, von Bananen. Wir suchen nach Straftaten. Wir überprüfen die Bilder auf Unregelmässigkeiten, mögliche Delikte, Gemeinheiten. Wir haben einmal eine Brezel geklaut und unreife Bananen gegessen. Das ist wahr. Aber die Bananen waren ausdrücklich erlaubt. Wir haben gesehen, wie Bahren aus dem Schiff geholt wurden, aber ob Tote darauf lagen, konnten wir wegen der Tücher beim besten Willen nicht erkennen. Wir haben weder die Leblosen selbst getragen noch irgendeinen Kontakt zu ihnen unterhalten. Wir können noch nicht einmal ausschliessen, dass nicht sogar Unsrige auf den Bahren lagen. Wir haben keinen Überblick über uns, bei weitem nicht, das haben wir nie gehabt. Das war auch nie unser Ziel. Ist das vielleicht eine Lernbehinderung? Muss man einen Überblick über sich haben?

Wir hätten erschreckende Wissenslücken, heisst es. Aber was sollen wir lernen und warum? Wir sind längst erwachsen. Kinder müssen etwas für die Welt und das Leben lernen, das ist klar, das können wir verstehen. Wir sind schon durch viele Länder gereist, haben manche Inseln bewohnt. Wir haben etwas von der Welt gesehen. Müssen wir etwas für die Welt lernen? Wir denken über uns nach, aber es fällt uns nichts Gescheites dazu ein.

VI Untersuchung

Wir werden aus der Zelle geführt. Das Tageslicht im Innenhof ist eine blendende Wand. Wir halten uns die Augen zu, bewegen uns nicht. Dann blinzeln wir vorsichtig durch die Finger hindurch. Gleissende Helligkeit, die Sonne ist wie tausend Scheinwerfer auf uns gerichtet. Wir sehen zwischen den Fingern hohe Betonwände, ganz oben schwarze Drahtschlaufen vor blauem Himmel.

Wir tappen im Kreis. Andere von uns sind auch da und trotten ebenfalls in der Runde. Endlich ist es Tag, ein wunderschöner Tag, aber man hat uns für straffällig erklärt, obwohl wir kein Straffälligkeitsgefühl empfinden können.

Sie holen uns wieder ins Haus zurück. Es besteht aus vielen Gängen. In einem grossen Saal sollen wir Platz nehmen. Dann passiert einige Zeit nichts. Ein karger Raum mit Neonröhren und einem Tisch auf einer Bühne. Den Bühnenhintergrund bildet ein dunkelroter Vorhang mit weichen Falten von der Decke bis zum Boden. Die Bühnenfront ist aus Holz gemacht. Einige von uns flüstern, dass es kein echtes Holz sei, nur eine Holzimitation. Am rechten Bühnenrand hängt ein grosses, holzgerahmtes Portrait einer männlichen Person hinter Glas. Die Person schaut mit strengem Blick auf uns herab.

Es kommen drei Leute auf die Bühne, setzen sich an den Tisch, rücken das Mikrophon zurecht, räuspern sich. Die Betreuungsplätze für Lernbehinderte und Straffällige seien belegt. Man habe sich alle Mühe gegeben, freie Plätze zu finden, leider ohne Erfolg. Man habe in der halben Stadt herumtelefoniert, aber ohne Glück. Ausserdem seien wir zu viele. Für zwei oder drei hätten sich zur Not zeitlich befristete Heimplätze gefunden. Aber das sei nicht ratsam, man wolle nicht unseren gewachsenen Gruppenverband auflösen und dadurch die emotionalen Bindungen zerstören. Das mit der Gruppe sei für uns jetzt besonders wichtig, daher lasse man uns laufen. Mehr könne man leider für uns nicht tun.

Wir werden aus dem Saal geführt. Man gibt uns unsere Sachen zurück, sogar die Plastiktüten. Eine Tengelmanntüte ist auch dabei, die uns gar nicht gehört. Wir stehen im Sonnenlicht auf der Strasse. Es ist wunderschönes Wetter, aber es könnte sein, dass wir uns zwischenzeitlich verändert haben.

64 Kein Geld kommt zu uns

Vor dem Wald liegt Nebel auf der Wiese, im Augentunnel wachsen Hyazinthen. Der Himmel ist taub, auf den Bäumen schreien Vögel, am Eingang ins Meer warten seltene Tiere.

In der folgenden Nacht fragen wir uns, wer eigentlich unsere Reise steuert, wer uns geschickt hat, und worum es überhaupt geht. Das alles fällt uns diese Nacht ein. Wir tragen Geschichten mit uns herum, die wir wie Hunde an Bäume und Laternen pinkeln. Wir haben unsere Hemmungen verloren. Seltsam. Wir mögen sogar ein gewisses Risiko eingehen, Hauptsache, wir finden in ein normales Leben zurück.

In der Nacht fängt es in uns zu denken an. Wir sind mit unserem momentanen Zustand nicht zufrieden. Wir mögen das Gefühl von Unsicherheit nicht. Wir hätten gerne Geld. Immer nur die anderen haben Geld. Selten finden wir bei uns selbst etwas Geld. Irgendwo muss das Geld auf der Welt ja sein. Das Geld wandert auf der Welt herum und muss schliesslich irgendwohin. Wenn zu uns einmal Geld kommt, ist es schnell wieder fort für eine Wurst oder einen Zigeunertopf.

Früher konnten wir regelmässig arbeiten und haben dafür Geld bekommen. Jetzt können wir eine regelmässige, verlässliche Arbeit leider nicht mehr bewerkstelligen oder aufrecht erhalten. Wir wurden unzuverlässig, unpünktlich, verliessen mitten am Tag den Arbeitsplatz oder sind erst gar nicht erschienen. Man hat uns gefragt warum, aber wir haben keine plausiblen Antworten gefunden. Wir wussten selbst nicht, warum wir zum Beispiel mitten am Tag nach Hause mussten. Zu Hause haben wir gar nichts Besonderes gemacht, sassen einfach nur herum und haben Fernsehen gekuckt. Das hätten wir genauso gut auch nach Feierabend tun können. Wir müssten uns bessern, hiess es, sonst sei man gezwungen, uns zu entlassen, dann würde es schlimm mit uns enden. Wir haben es versucht, aber es hat nichts genützt. Nach wie vor mussten wir mitten am Tag nach Hause zum Fernsehen. Daher wurde es mit dem Geldverdienen immer schwieriger.

Manchmal müssen wir mit dem spärlichen Geld auch der Polizei oder den Busbetrieben eine Busse zahlen. Das Geld will nicht bei uns bleiben. Wahrscheinlich können wir nicht lernen, wie das geht mit dem Geld, weil wir lernbehindert sind, wie sie uns sagen. Keiner von ihnen hat Lust, unsere Lernbehinderung zu kurieren. Wir wissen auch nicht, wie das geht, wir sind ja keine Ärzte, Psychiater oder Heilkundige. Wir laufen mit einer Lernbehinderung herum, die man uns noch nicht einmal ansieht. Und trotzdem sei sie da, sagen sie. Wie lange steckt die Lernbehinderung schon in uns drin? Das hätte uns interessiert, aber man kann oder will es uns nicht sagen.

Wir werden plötzlich auf freier Strasse von der Polizei eingekesselt. Mannschaftswagen bilden Blockaden. Wir lassen uns widerstandslos abführen. Wir werden in Polizeibusse geladen. Wir wehren uns nicht, weil wir keinen Ärger mit der Polizei haben wollen. Wir sind keine Kriminellen. Wir haben nichts zu verbergen. Eine Lernbehinderung ist schade, aber kein krimineller Tatbestand. Einige von uns seien straffällig geworden. Die Fälle von offener Aggression mehrten sich. Was können wir dafür, wenn einige von uns kriminell werden? Wir sind unschuldig. Wir haben eine gute Erziehung genossen. Wir haben kein Problem mit der Polizei.

Auf der Polizeistation verhören sie uns. Auf einem Monitor erscheint unsere Akte. Unser Foto sieht schlecht aus auf dem Bildschirm. Es ist uns peinlich, dass wir so blass aussehen und so komisch kucken. Das Bild vermittelt der Polizei einen falschen Eindruck von uns. Wir möchten das gern ändern, aber die Polizei sagt, dass das jetzt kein Thema sei.

65 In letzter Zeit kommt immer die Polizei

Wo sind unsere Betreuer? Man hat uns das letzte Mal Betreuer mit auf den Weg gegeben. Sie sollten sich um uns kümmern, was sie aber nicht sonderlich zu interessieren schien. Die Betreuer koksten und soffen sich einen an. Das hatte auf einige von uns keinen guten Einfluss. Die Betreuer stifteten sogar die Kleinen zu Straftaten an: eine Bierdose klauen, einer Oma die Handtasche wegnehmen oder einen Bankomaten zuerst observieren und dann ausplündern. Die Betreuer haben die Kontrolle über Waren und Geld. Was mit dem Geld geschieht, wissen wir nicht. Das sagen sie uns natürlich nicht.

Der Straffälligkeitsdruck steigt. Dabei besitzen wir keine kriminelle Energie. Wir wissen nicht, wie man zum Beispiel einen Einbruch vorbereitet und erfolgreich ausführt. Es scheitert schon daran, dass wir uns gar nicht vorstellen können, wo wir überhaupt einbrechen könnten. Natürlich sehen wir manchmal schöne Häuser. Dort gibt es sicher Flachbildschirme, seltene Bilder oder Schmuck. Aber wir wissen nicht, wohin wir diese Sachen bringen sollten. Wir würden uns wahrscheinlich ungeschickt anstellen, wären auf unkalkulierbare Art verhaltensauffällig. Dann käme die Polizei, und unser schlechtes Foto erschiene wieder auf dem Monitor. Immer noch dasselbe Bild. Wir müssen das nächste Mal darauf bestehen, ein neues, aussagekräftiges Bild zu bekommen. Ein Bild, das unsere Charaktereigenschaften besser zum Ausdruck bringt. Das wäre auch im Interesse der Polizei.

Auch wenn wir in letzter Zeit immer wieder bei der Polizei sitzen müssen, finden wir in uns keine kriminellen Absichten oder Veranlagungen. Sie sagen, wir seien angestiftet worden. Ob sie auch die Anstifter gefasst haben, fragen wir. Aber sie haben nur uns festgenommen. Wir geben sachdienliche Hinweise auf unsere Betreuer, weil wir grundsätzlich gern mit der Polizei zusammenarbeiten. Die Betreuer waren uns von Anfang an suspekt. Wer sonst als sie hätte uns anstiften können? Wir haben sonst nur mit uns selbst Kontakt. Dass in uns das Kriminelle gekeimt haben könnte, schliessen wir aus. Es muss ein schlechter Einfluss von aussen gewesen sein. Die Betreuer sind schuld, nicht wir.

Ihr seid straffällig geworden, sagt die Polizei. Wir sind lernbehindert, antworten wir. Lernbehindert und durch falsche Betreuung auch noch straffällig geworden. Das ist schlimm, denken wir. Wie wird es mit uns enden? Vorbei die Zeiten, als wir bei schönem Wetter in wunderbaren Landschaften bei der Salaternte waren oder Hafenanlagen betonierten. Früher hatten wir noch Vorbilder, an denen wir uns orientieren konnten. Jetzt wissen wir noch nicht einmal, in welchem Land wir uns überhaupt befinden, ob wir in letzter Zeit in mehreren Ländern waren oder immer nur im selben. Aber irgendwie ist uns das auch egal. Die Nationalität interessiert uns schon lange nicht mehr.

Wir sind sowieso für den König. Nur gibt es leider keine Könige mehr, und wenn doch, dann sehen sie gar nicht wie richtige Könige aus. Wir wissen, wie ein echter König aussieht. Ein richtiger König würde uns gut tun, wäre eine wertvolle Orientierung in unserem Leben. Ein König ist viel besser als ein Betreuer. Ein König säuft sich keinen an. Die Betreuer machen uns nur straffällig. Und dann müssen wir ständig bei der Polizei sitzen, während sie draussen frei herumlaufen. Die Polizei weiss nicht, was sie mit uns tun soll. Ein König liesse uns auf einem Feld arbeiten. Und wenn er einmal vorbei käme, würden wir ihn grüssen.

Aber zu uns kommt in letzter Zeit nur die Polizei. Da müssen wir nicht winken. Wenn wir doch winken würden, ginge wahrscheinlich die Polizei wieder fort und würde stattdessen neue Betreuer schicken. Wir könnten das einmal versuchen. Vielleicht sind die neuen Betreuer besser ausgebildet als die alten. Vielleicht sind inzwischen die Betreuerprüfungen verschärft worden. Vielleicht könnten wir etwas von ihnen lernen. Auf einen König können wir lange warten. Einen König werden wir in diesem Leben wohl nicht mehr erleben. Das ist schade. Wir hätten Freude an einem echten König.

Wir erzählen den Leuten auf der Strasse vom König, dass ihnen ein König auch gut täte, nicht nur uns. Für die Seele sei es ein wohltuendes Gefühl, einem echten König zu begegnen, der auch nach einem solchen aussehe. Nicht nur wie einer aussehe, sondern auch wie ein echter König regiere, der die königlichen Ideen im ganzen Land verbreite, damit sich alle darauf einstellen können. Erst ein regierender König sei ein echter König. Das würde dem ganzen Land gut tun. Das würde die Probleme aus der Welt schaffen, sagen wir laut und deutlich in der Öffentlichkeit. Aber da kommt schon wieder die Polizei.

66 Der Polizeiroman

Die Polizei tut uns leid. Sie muss immer kommen, wenn mit uns etwas ist. Sie muss kommen, weil es das Gesetz so will. Wir haben das Gesetz nicht gemacht. Auch die Polizei hat das Gesetz nicht gemacht. Beide haben das, was sie immer wieder zusammenführt, gar nicht veranlasst.

Wir haben nichts gegen die Polizei einzuwenden. Inzwischen kennen wir uns. Wir wissen, wann welche Beamte Dienst haben, was man ihnen in der Kantine zum Essen vorsetzt, ob der Chef schlecht gelaunt ist, welcher Polizist ein Kind bekommt oder wessen Grossmutter verstarb. Sie kennen mittlerweile unsere halbe Lebensgeschichte. Bei jeder Festnahme erzählen wir zuerst das nächste Kapitel, hören uns dann die Neuigkeiten aus dem Polizeialltag an und erledigen abschliessend die Formalitäten.

Auf dem Polizeiposten weiss man schon, was wir trinken möchten, auf welchem Stuhl wir gerne sitzen. Die Polizei hilft uns, wo sie kann. Wir können uns wirklich nicht beklagen. Wir bleiben jedes Mal zwei oder drei Tage. In der letzten Zeit verbrachten wir bald die Hälfte unserer Tage auf der Behörde. Die Abklärungen und Routineuntersuchungen dauern ein bisschen. Wir kennen inzwischen das Procedere ganz genau. Wir müssen zuerst Fragen beantworten, werden dann ärztlich untersucht und bekommen am Schluss noch einen heissen Tee.

Weil wir dazu aufgefordert werden, nutzen wir die Gelegenheit, aus unserem Leben zu erzählen. Jedes Mal ein Kapitel. Jemand schreibt von Amts wegen mit. Mittlerweile sind schon mehr als hundert Seiten entstanden. Wir sind im Erzählen gut strukturiert, reden nicht alle durcheinander, überlegen zuerst, bevor wir reden. Wir sind zwar lernbehindert, aber nicht dumm. Das ist ein grosser Unterschied. Zuerst suchen wir nach einem aussagekräftigen, inneren Bild, das ungefähr einem Kapitel in unserem Leben entspricht. Dadurch erleichtern wir der Schreibkraft die Arbeit. Wir erzählen schön chronologisch eine Begebenheit nach der anderen. Wir sprechen langsam und deutlich, damit die Schreibkraft gut folgen kann. Das erspart uns langweilige Wiederholungen.

Manchmal kommen weitere Beamte dazu und hören aus reiner Neugier mit. Neulich war sogar der Polizeipräsident dabei. Das Procedere gleiche einer Lesung, meinte er nachdenklich am Schluss. Eine Lesung ohne Manuskript, begeistert sich die Leiterin des örtlichen Literaturhauses, die auf Anraten des Polizeipräsidenten das nächsten Mal anwesend ist. Daraufhin lädt sie uns zu einer öffentlichen Lesung ein. Wir möchten aber nicht öffentlich lesen, weil uns das peinlich wäre. Wir sagen ab. Wir erzählen nur für die Polizei, allenfalls für den Polizeipräsidenten oder ärztlich relevante Zwecke.

Das Schreiben sei für uns eine gute Therapie, meint die Schreibkraft. Wir schreiben ja gar nicht, antworten wir. Wir lesen das Geschriebene noch nicht einmal durch. Wir unterschreiben nur. Wer schreibt, ist die Schreibkraft. Wir sind eine gute Therapie für die Schreibkraft. Das Schreiben tut der Schreibkraft gut, sagen wir dem Polizeipräsidenten. Und lesen muss später eine medizinisch ausgebildete Person. Durch die Lektüre gelangt die Fachperson zu einer ärztlichen Einschätzung, aufgrund derer sich wiederum die Polizei eine Meinung über uns bilden kann. Eine sinnvolle Kette. Die Lektüre tut auch der medizinischen Fachkraft gut. Die Polizei ist mit uns zufrieden, weil wir das gesamte polizeiliche Umfeld positiv beeinflussen und allen Beteiligten einen sinnvollen und erfüllten Berufsalltag verschaffen.

Mittlerweile sind wir bei der Polizei sehr beliebt. Der Polizeipräsident hat aufgrund seines Berichts an den Minister einen Dienstorden bekommen. Zur Verleihung durfte er in die Hauptstadt reisen. Die ganze Polizei ist stolz. Nie zuvor war Polizeiarbeit in dieser Stadt so erfolgreich.

Das kommt uns seltsam vor. Wir leben ja nicht für die Polizei und auch nicht für den Minister oder die Regierung, die wir überhaupt nicht kennen. Wir beschliessen, unsere Taktik zu ändern. Das nächste Mal sagen wir der Schreibkraft nichts mehr. Wir bleiben stumm, fallen in ein grosses Schweigen und reden fortan kein Wort mehr.

Die Polizei zerbricht sich den Kopf, die Schreibkraft verzweifelt. Eben waren wir noch Vorzeigefälle mit Einladung ins Literaturhaus, jetzt sind wir grundlos verstummt. Einfach so, ohne Ankündigung oder Kommentar. Ärzte kommen, Ärzte gehen, Untersuchungen werden durchgeführt und sogar wiederholt. Schliesslich entlassen sie uns und bleiben ratlos zurück.

Bald sind wir wieder straffällig. Die Polizei muss erneut einschreiten. Auch die Ärzte müssen wieder untersuchen. Wir sagen nichts, aber das wird uns nun langweilig. Die ganze Zeit nichts zu sagen, macht keinen Spass. Wir sehen nur Verwirrung in den Gesichtern der Polizei und der Medizin. Sie entlassen uns, aber nicht ins Freie, sondern in ein grosses Haus in einem schönen Park.

67 Eine Krankheit?

Wir werden auf verschiedene Pavillons verteilt, verlieren den Kontakt zueinander. Das Personal begegnet uns distanzierter als die Polizei. Wir haben auf die vielen Befragungen keine Lust mehr. Ausserdem haben wir der Polizei schon alles erzählt. Man kann dort alles genau nachlesen. Die Schreibkraft hat ihre Aufzeichnungen abgeschlossen und mit Hilfe des Literaturhauses ein Buch daraus gemacht. Man hat uns jedoch kein Honorar bezahlt. Das Geld bekommt die Polizei. Sie hat sich mit uns viel Mühe gegeben und sich deshalb das Honorar redlich verdient.

Wir seien nicht krankheitseinsichtig, sagen sie uns eines Morgens. Weil wir nicht krank sind, können wir eine Krankheit auch nicht bemerken, geschweige denn einsehen. Wir erkundigen uns, wie man die Krankheit bemerken könne. Sie erzählen uns etwas von typischen Symptomen, und dass die Welt anders sei, als wir sie uns vorstellten. Wir stellen uns die Welt aber gar nicht vor, sondern leben schlicht und einfach in den Tag hinein. Wir hätten eine zu langsame Auffassungsgabe. Mag sein, dass wir mit zunehmendem Alter etwas langsamer werden. In unserer Jugend konnten wir schneller rennen, das ist wahr. Vielleicht haben wir auch schneller gedacht und die Zusammenhänge rascher begriffen, aber wer will das überprüfen? Der Polizeikommandant war auch nicht besonders schnell im Denken, meinen wir. Der hat sich immer an den Kopf gefasst. Das helfe ihm beim Denken, erklärte er einmal. Alle von uns fassen sich an den Kopf oder machen gelegentlich mit Armen und Beinen Verrenkungen. Was ist krank daran, wenn man etwas langsamer denkt?

Wir seien lernbehindert und straffällig. Deshalb müssten sie uns in besonders gesicherten Gebäuden unterbringen. Die Sicherung ist uns aber nicht aufgefallen. Jedenfalls möchten wir nicht die ganze Zeit mit der Bewältigung irgendeiner Krankheit beschäftigt sein. Dazu ist uns die Zeit zu schade. Zumal wir gar nichts feststellen können. Wir wissen ja, dass es Gescheitere gibt als uns, aber das ist noch kein Krankheitsbeweis. Das lässt sich jetzt sowieso nicht mehr ändern, nicht mehr in unserem Alter. Vor allem, weil sich das Alter mehr und mehr bemerkbar macht. Einige von uns haben schon graue Schläfen, anderen fällt das Haar aus, wieder andere stellen eine nachlassende sexuelle Aktivität fest, was wiederum praktisch ist, weil man sich nicht die ganze Zeit überlegen muss, wo man mit seiner Sexualität hin soll. Die muss schliesslich irgendwo hin. Man kann sie nicht einfach abstellen. Das hat in der Vergangenheit, als wir noch jung waren, oft zu Problemen geführt. Andere beklagen sich über Krampfadern in den Beinen oder hängende Backen. Tatsächlich sehen die Beine und Backen nicht mehr so schön aus wie früher. Wir können das jeden Tag aufs Neue beobachten. Man kann wegen des körperlichen Zerfalls einen psychischen Schaden davontragen. Hässlichkeit greift das Selbstwertgefühl an.

Doch ausser unserem zunehmenden Alter haben wir nichts wirklich Schwerwiegendes zu bewältigen. Unsere Vergangenheit macht uns zum Beispiel keine Sorgen. Es kam alles, wie es halt kommen musste. Wir sind straffällig geworden, hält die Polizei schriftlich fest. Jeder wird einmal straffällig, sagen wir. Jeder hat schon einmal eine Brezel gestohlen oder fremde Kirschen gegessen. Auch eine leichte Körperverletzung hat sich schnell.

68 Böse Buben, böse Mädchen

Manchmal fangen einige von uns untereinander mit einer Schlägerei an. Besonders gewalttätig sind in letzter Zeit unsere kleinen Mädchen. Sie schlagen um sich, wenn man sie nur ein einziges Mal ansieht. Was aus ihnen einmal werden soll, fragen wir uns. Wenigstens lassen wir sie nicht einfach so in der Welt herumrennen. Das ist viel zu gefährlich. Kleine Mädchen können schnell sexuell belästigt oder vergewaltigt werden. Oder es kommt jemand und stiftet sie zu Straftaten an. Oder jemand schleppt sie in einen Puff. Wir müssen mit gutem Beispiel vorangehen und schauen, dass ihnen nichts passiert. Es ist am besten, wenn wir sie selbst in einen Puff schleppen, dann können wir etwas dabei verdienen und wissen wenigstens, wo sie sind. Vom Puffpersonal kann man aber schnell über den Tisch gezogen werden, das ist das Unangenehme daran. Einige Mädchen stiften wir deshalb lieber zu Kaufhausdiebstählen an. Wir sind mittlerweile auf bestimmte Bereiche spezialisiert.

Aber wir müssen auch auf unsere Buben aufpassen. Zu geschwind haben sie, ohne uns zu fragen, ein Auto geknackt. Es ist viel gescheiter, wenn wir das gemeinsam machen. Die Buben haben meistens noch zu wenig Erfahrung und landen bei der Polizei. Wenn wir hingegen Schmiere stehen, lässt sich das vermeiden, und wir haben alle etwas davon. Oft haben die Buben eine unbestimmbare Wut im Bauch. Warum haben sie eine Wut, und woher kommt sie? Wir hören in unseren Bauch, aber da ist keine Wut. Vielleicht stimmt etwas mit uns nicht? Wenn die Buben wieder ihre Wut haben, fahren sie die geknackten Autos zu Schrott oder schlagen mit Stangen die Scheiben ein. Wir würden die Autos lieber auf dem Samstagsmarkt verkaufen. Das bringt mehr ein. Aber die Jungen zeigen uns den Stinkefinger. Wir dürfen gar nichts mehr sagen, noch nicht einmal mehr kucken, sonst schlagen sie uns mit Schlagringen ins Gesicht. Wenn wir die Mädchen nur einmal ansehen, fallen sie im Rudel über uns her und krallen sich in unser Fleisch. Das sind keine schönen Zustände. Früher gab es so etwas nicht, früher war alles besser. Jetzt müssen wir Angst haben, dass uns die eigenen Leute überfallen. Es gibt keinen Respekt mehr vor dem Alter. Was heisst da Alter? So alt sind wir gar nicht.

69 Anstandsbesuch

Wir hören, dass sie einige der Buben und Mädchen in Zwangsjacken gesteckt und mit Medikamenten vollgepumpt haben. Wir überlegen, ob wir einen Hungerstreik organisieren sollen, um sie freizupressen. Aber dann würden sie uns wieder angreifen. Dankbarkeit dürfen wir nicht erwarten und Respekt schon gar nicht. Das ist vorbei. Obwohl wir lieber sorgenfrei wären, machen wir uns Gedanken über unsere Leute in den Zwangsjacken. Wir finden das vom Personal eine Frechheit. Das sei Freiheitsberaubung, beschweren wir uns. Wir drohen dem Personal mit Frühstücksmessern. Da kommen kräftige Kerle und knicken uns die Arme nach hinten, einfach so, ohne Ankündigung oder spätere Entschuldigung.

Die Jungen machen sich keine Sorgen über die Welt, interessieren sich nicht für übergeordnete Fragen. Und wir haben einen Schaden in den Armen, für nichts und wieder nichts. Wir beschliessen, keinen Hungerstreik anzufangen. Das wäre nur Zeitverschwendung. Niemand würde sich dafür interessieren. Es gibt viel zu viele Hungerstreiks auf der Welt. Für jeden Mist wird heutzutage ein Hungerstreik organisiert. Sie kommen gar nicht mehr alle in der Zeitung. Ausserdem wäre uns das Hungern sowieso schwer gefallen.

Ein Bub habe sich erdrosselt, kommt die Kunde. Zwei Mädchen hätten sich gegenseitig die Pulsadern aufgebissen. Die anderen vegetierten in isolierten Zimmern unter schwerer Medikamenteneinwirkung. Wir entschliessen uns mit knapper Mehrheit zu einem kurzen Anstandsbesuch. Aber sie erkennen uns nicht mehr wieder. Ihre Blicke sind milchig, gehen durch uns hindurch. Sie haben sich verändert. Wir erschrecken. Man hat ihnen den Kopf geschoren, auch den Mädchen. Sie tragen spezielle Kleidung. Es hat Aufpasser rings herum. Ihre Gesichtsfarbe ist ungesund. Einem rinnt Speichel aus dem Mund, ein Mädchen stösst schrille Laute aus, ein Bub greift immer wieder einen anderen Buben an. Die Aufpasser haben zu tun. Der Bub entwickelt Bärenkräfte und grinst.

Wir haben das Gefühl, dass den dreien nicht zu helfen ist. Wir können noch nicht einmal mit ihnen reden. Ihre Gesichter bleiben immer gleich. Wir versuchen durch Lachen eine heitere Atmosphäre herbeizuführen. Es nützt nichts. Dann singen wir schwere Wagnermelodien, solche, die wir früher gemeinsam gesungen haben, wenn es uns dreckig ging. Doch ihre Gesichter ändern sich nicht im Geringsten. Früher hätten sie sofort geweint. Zum Abschied klauen wir ihnen ihr Geld, nachdem wir die Aufpasser mit einem plötzlichen Geschrei in eine Falle gelockt haben. Was brauchen sie jetzt noch Geld, das ist bei uns besser aufgehoben. Wir haben später nie mehr etwas von ihnen gehört.

Wir wurden auch nicht zur Beerdigung der drei eingeladen, obwohl sie zu uns gehört haben. Wir wissen noch nicht einmal, ob es überhaupt eine Beerdigung gegeben hat. Wer ausser uns hätte ein Interesse an ihrer Bestattung? Wir finden trotzdem, dass man sie ordentlich beisetzen soll. Das gehört sich so. Wir wollen eines Tages auch einmal anständig beerdigt werden. Aber wer hätte überhaupt ein Interesse an unserer Beerdigung, wenn es uns eines Tages nicht mehr gibt? Wer ausser uns kennt uns? Wer sonst wird noch da sein, der sich an uns erinnert? Wenn niemand registriert, ob es eine Beerdigung gibt oder nicht, kann man sie gerade so gut sein lassen. Dann genügt eine kostengünstige Lösung, die immer häufiger durchgeführt wird, auch wenn das niemand unbedingt laut sagt. Wir haben uns beim Friedhofsamt erkundigt.

70 Blutaugen

Wir wollen aus den Pavillons fort. Sie legen sich schwer auf unser Gemüt. Seit wir in den Pavillons leben, sind unsere Gesichter erblasst. Einige von uns haben blutunterlaufene Augen. Woher kommen sie, die blutunterlaufenen Augen? Kommen sie vielleicht von der Nacht? Und was treibt das Blut in die Augen? Wir melden die Augen den Ärzten. Sie meinen, es sei nichts Besorgniserregendes. Wir wollen unseren Leuten keine Angst machen, deshalb sagen wir nichts mehr zu den Blutaugen. Es könnte uns auch treffen, denken wir im Stillen, dann wollten wir auch nicht, dass ständig jemand an unserem Augenzustand herumdenkt.

Nach ein paar Tagen stirbt einer mit blutunterlaufenen Augen. Jetzt schreiten die Ärzte ein und geben Spritzen. Dieses Mal sind wir zur Beerdigung eingeladen. Auf dem Pavillongelände gibt es einen eigenen Friedhof, weshalb wir unsere Umgebung nicht verlassen müssen. Die Beerdigung ist kurz. Leider ist uns keine Rede zu unserem Kollegen eingefallen. Wir haben uns bemüht, aber es ist uns nichts Vernünftiges in den Sinn gekommen. Auch haben wir den Verstorbenen gar nicht richtig gekannt. Hätten wir ihn besser gekannt, wäre es uns sicher möglich gewesen, etwas halbwegs Passendes zu sagen.

Am anderen Tag bekommen wir deshalb ein schlechtes Gewissen, das wir mit den Medikamenten und Spritzen erklären, legitimieren und auf diese Weise halbwegs erfolgreich verdrängen. Ohne Medikamente hätten wir viel besser reagieren können. Da ausser uns, den Ärzten und zwei Pflegern niemand an der Beerdigung teilnahm, muss es uns jedoch nicht peinlich sein. Es war glücklicherweise niemand dabei, der uns zu einer Peinlichkeit hätte veranlassen oder der die unterlassene Rede in irgendeiner Form hätte bemängeln können.

71 Stubenfliegen

Wir wollen aus den Pavillons fort, weil sie sich unangenehm auf unsere Verdauung legen. Wir stellen die Nahrungsaufnahme probehalber ein, wodurch wir schwächer und lustloser werden, so dass wir gar nicht mehr aus unseren Betten herauskommen. Auch wenn die Daseinsperspektive vom Bett aus anfänglich manches für sich hat, beginnt uns das Bettliegen irgendwann zu langweilen. Wir stellen auf Gemüse- und Salatkost um, womit wir nach und nach wieder auf die Beine kommen. Dennoch haben wir einige Kilos verloren, die wir so rasch nicht mehr zulegen werden.

Wir bekommen das Gefühl, anfällig für Stubenfliegen geworden zu sein. Sie surren in letzter Zeit häufig um uns herum, setzen sich auf unser Fleisch und belecken es. Wir fühlen uns von den Fliegen erniedrigt. Sie demütigen uns, behandeln uns wie Vieh und lassen uns ihre Übermacht und notorische Unruhe spüren. Warum kann eine Fliege nicht einmal Ruhe geben? Vielleicht bemerken die Fliegen unsere körperliche Schwäche? Vielleicht sehen sie unseren Verfall voraus? Vielleicht stimmen sie sich mit dem Lecken auf einen baldigen Fleischfrass ein? Sind Fliegen Menschenfresser? Wir fragen die Ärzte. Sie geben uns eine Spritze. Dann merken wir von den Fliegen nichts mehr.

72 Ärzteabsturz

Wir wollen aus den Pavillons fort, weil sie sich negativ auf unser Gemüt legen, weshalb wir als Ausgleich beginnen, die Pavillons zu zerlegen. Wir fangen im Bad an, bauen Klobrillen ab, hängen Türen aus, schrauben Wasserhahnen ab, treffen geeignete Vorkehrungen für den Verkauf an interessierte Dritte. Vormalige, wertvolle Kontakte sind über Mittelsmänner rasch wieder aktiviert. Wir machen totes Kapital lebendig, legen unsere Blutaugen ab und entwickeln überraschend unternehmerische Initiative. Die baukastenartige Konstruktion der Pavillons erleichtert uns die Demontage.

Die lukrativsten Teile der Pavillons verlassen gerade das Gelände, als unsere Tätigkeit durch einen unvorhersehbaren Kontrollgang entdeckt wird. Wir werden Einzelverhören zugeführt, in denen jeder von uns wie vereinbart unsere gemeinsame Geschichte erzählt. Aus allen Behandlungszimmern dringt daher dieselbe Geschichte.

Wir stellen die medizinische Belegschaft auf eine harte Probe, die eigentlich Feierabend machen wollte. Aber wir möchten nicht aufhören zu erzählen. Mittlerweile ohne ärztliche Aufsicht, nurmehr im Beisein von Pflegerinnen und Pflegern, wandert unsere Geschichte aus allen Zimmern in die Nacht hinaus. Die ärztliche Belegschaft muss sich derweil im Feierabend gemeinschaftlich einen ansaufen. Die

Ärzte erzählen der Barbelegschaft die Geschichte dieses Abends. Wir reden unterdessen im Beisein des Pflegedienstes ruhig und entspannt weiter, ohne jeden medikamentösen oder alkoholischen Einfluss in bisweilen sogar gepflegter Sprache. Die Stimmung der Ärzteschaft erhitzt sich in der heissen Bar mit zunehmendem Abend und schlägt schliesslich vom kollektiven Frust in eine gemeinschaftlich begangene Schlägerei mit anderen Barbesuchern um, die es nicht mehr ertragen können, wie sich die Ärzte fortlaufend und immer heftiger über ihre eigene, als besonders schlimm empfundene Situation beschweren. Nachdem die Ärzte die allgemeinen gesellschaftlichen Entwicklungen für diese Zustände haftbar gemacht haben, kommt es zu wechselseitigen verbalen Ausfällen, schliesslich zu Körperverletzungen. Als es schon zu spät ist, schreitet die Polizei ein und transportiert die Beteiligten ab.

Zwar muss sich auch die Polizei ihr Geld sauer verdienen, kann aber vielleicht schon bald ihr zweites Buch veröffentlichen, da sie von der Ärzteschaft ebenfalls ausführliche Lebensgeschichten zu hören bekommt. Literarisch bereits sensibilisiert, schaltet sich der Polizeipräsident vorsorglich in die Vernehmungen ein. Endlich hört einmal jemand den Ärzten zu, sonst ist es immer umgekehrt. Als die Polizei erfährt, dass wir als auslösendes Moment für die Lebensschilderungen der Ärzte in Frage kommen, wird nach der Literaturhauschefin telefoniert. Leider ist sie in dieser Nacht nicht auffindbar, weder im Literaturhaus, was immerhin hätte sein können, noch zuhause. Auch am nächsten Tag kann man der Literaturhausintendanz nicht habhaft werden. Schlecht für die Polizei, schade für die Ärzte und erneut eine verpasste Chance für den Buchmarkt.

Der Kollektivabsturz der Ärzteschaft hat zwar diverse Disziplinarverfahren und juristische Händel, später sogar eine Entlassung zur Folge, erweist sich aber als unser Glück. Die Pavillonverwaltung, gewohnt, von den Bargängen der

Ärzte kategorisch ausgeschlossen zu sein, erkennt an diesem Abend die einmalige Chance zur Stärkung ihrer Position und ordnet ein medizinisches und organisatorisches Notversorgungsprogramm an, um den Betrieb aufrecht zu erhalten. Der Pflegedienst wird von der Verwaltung dazu aufgefordert, die letzten 24 Stunden vor dem Kollektivkollaps den vertretungshalber neu beigezogenen Ärzten minutiös zu berichten. Da der Pflegedienst unsere Beaufsichtigung als lästig empfindet, schildert er den neuen Ärzten, dass wir uns gerade in letzter Zeit vorbildlich verhalten und entwickelt hätten, was zu einer Neueinschätzung unserer Gemütsverfassung Anlass gebe. Die neuen Ärzte sind vor allem an raschen, vorzeigbaren Erfolgen interessiert. Wir tragen im Eigeninteresse das Unsere zu einem positiven Gesamteindruck bei und werden bis auf zwei bedauerliche Individuen feierlich entlassen. Ein beachtlicher Erfolg für die neue Ärztevertretung, eine Erleichterung für die Verwaltung und den Pflegedienst und unverhofftes Glück für uns. Der Pflegedienst winkt freundlich zum Abschied. Was aus den zwei Personen wurde, die sie behielten, haben wir nie erfahren. Wir hoffen, dass der Pflegedienst sie freundlich behandelt.

73 Nimm die Nachtcreme

Wir laufen mit Alditüten, ungewaschenen Haaren und Hakenkreuzen eine Strasse entlang. Sind wir nicht schon einmal mit denselben Sachen diese Strasse entlanggelaufen? Es war wohl eine andere Strasse, scheint uns. Trotzdem dasselbe Bild, dieses Mal aber ohne Tengelmanntüte. Die haben wir mit Abfällen gefüllt und korrekt entsorgt. Vielleicht befinden wir uns in einer anderen Stadt oder in einem anderen Land, das mag schon sein, interessiert uns aber nicht mehr besonders.

Wir interessieren uns für Könige, nicht für Nationen. Als wir jünger waren, war es umgekehrt. Vielleicht hängt der Hang zum König mit unseren zunehmend grauen Haaren, den immer elefantöser werdenden Backen und den vielen Falten zusammen.

Unsere Augen werden immer kleiner, während immer mehr Fleisch sie von allen Seiten zuschwillt. Fleischgehänge wie Schneebretter. Auch die Lippen geraten aus der Form, ihre Ränder werden unscharf, ihr Volumen schwammig. Wir tragen keine schöne Haut mehr im Gesicht: Die Nacht klatscht uns Teig aufs alternde Antlitz. Es bedürfte immer aufwendigerer Mittel und Methoden, den Nachtteig morgens wieder wegzuarbeiten. Eine Nachtcreme genügt nicht mehr.

Früher hatten wir es zu einem bescheidenen Wohlstand gebracht. Ein paar alte, fahrbereite Autos konnten wir uns beispielsweise leisten oder Fernsehapparate. Jetzt gehen wir wieder zu Fuss, dabei könnten wir gerade jetzt ein gut gepolstertes Auto mit elektrischen Fensterhebern, Automatik und Servolenkung gebrauchen. Morgens im Spiegel sehen wir ein autoloses Teiggesicht. Das war früher anders. Da blickte uns der frische Mut des neuen Tages entgegen, der sich durch keine Nacht, war sie auch noch so verkommen, einschüchtern liess. Jetzt werden die Nächte zu unserem Schrecken. Zuerst wiederholen sie das Unglück des verstrichenen Tages, dann schmeissen sie uns ins nächste Morgengrauen, das wir mit Seufzern und Augenringen antreten. Manch einem von uns bleibt diese Erfahrung erspart, früh verunfallt und verstorben oder mit anderem Bewusstsein in Heimen abgeblieben. Eine Nachtcreme nützt weder ihnen noch uns.

Die Jugend haben wir alle einmal gehabt. Wir finden es völlig in Ordnung, dass zuerst die Jugend kommt und dann das Alter. Es wäre eine Gemeinheit, wenn man sich zuerst durch das ganze Alter hindurchbeissen müsste, durch all die

Krankheiten und Gebrechen, die Dummheiten und Schwächen, um irgendwann, und dies noch nicht einmal in die Hand versprochen, in der Jugend anzukommen. Da sind wir zuerst lieber jung und dumm. In Zeitschriften, die in Heimen und öffentlichen Ämtern herumliegen, lesen wir, dass das Alter auch etwas Schönes an sich habe.

Wir sehen gern im Fernsehen den Königen und Königinnen zu, auch wenn sie nicht so echt sind, wie wir es gerne hätten. Sie sehen immerhin besser aus als die Anzüge und Krawatten der Demokratie. Königinnen und Könige werden zwar auch immer älter, doch sie bleiben, was sie sind. Das Alter kann ihnen das Königtum nicht wegnehmen. Demokraten aber kriegen Alzheimer oder Parkinson oder beides.

VII Unrast

Wir erwachen in einem wildfremden U-Bahnhof, sehen glänzende Wände aus Kacheln mit farbigen Ornamenten, Schrift in einer Sprache, die wir nicht verstehen. Neben uns liegen Säcke aus dünner Plastikfolie, die wir zusammenpacken und schultern. Wie Insektenlarven steigen wir auf Rolltreppen ans Tageslicht, noch müde in den Knochen, doch voller Erwartung auf neues Leben.

Wir betreten Betonplatten, zwischen denen braunes Regenwasser steht. Überall Männergruppen. Es wird geredet, gestikuliert, gelacht. Die Säcke weisen uns als Einheimische aus, obwohl wir das nicht sind. Wir sind fremd hier, wie man überhaupt nur fremd sein kann. Ausserdem wissen wir nicht, was wir eigentlich in den Säcken mit uns herumschleppen. Wir sehen nach: Säcke mit Hosen und Schuhen, Säcke mit Zwiebeln und Granatäpfeln, Säcke mit Krawatten und Schirmen, sogar ein kleiner Sack mit Handyattrappen. Was sollen wir mit diesen Sachen machen? Wir gehen weiter, sehen, wie andere auch mit Säcken herumlaufen, sich dann plötzlich auf die Strasse setzen, den Sack als Unterlage ausbreiten und die Sachen zum Verkauf anbieten. Wir verteilen uns in einer belebten Strasse, hocken in derselben Manier herum und warten, ob der Verkauf beginnt.

Aber wir sind schlechte Verkäufer, sprechen nicht einmal die Landessprache. Keiner will unsere Hosen haben. Wir hätten sie auch nicht gekauft, noch nicht einmal als Sonderangebot oder aus Mitleid. Sie sehen unmöglich aus. Hätten wir schönere Hosen, würden wir bestimmt welche verkaufen, denken wir. Wahrscheinlich sieht man uns im Gesicht schon an, dass wir unsere eigenen Hosen nicht mögen. Aber wie können wir etwas schön finden, das derart hässlich ist? Wir versuchen, unser Gesicht zu verstellen. Wir grinsen seltsam, arbeiten mit allen mimischen Möglichkeiten, die wir zur Verfügung haben. Einige fangen an zu blinzeln. Jeder auf seine Art, jeder wieder anders, einer dümmer als der andere. Nach kurzer Zeit erstarrt unsere Gesichtsmuskulatur, und wir fallen in einen ernsten Gesichtsausdruck zurück, noch ernster als vorher. Wir verkaufen nichts. Natürlich nicht. Vorher, unter Einsatz sämtlicher Gesichtsmuskeln, haben wir eine einzige Handyattrappe verkauft. Davon kann niemand leben.

Wir beobachten andere von uns. Zum Beobachten haben wir jetzt viel Zeit. Sie haben intelligente Gesichter und sehen eigentlich nicht dumm aus. Wir schauen sie von der Seite an, wie sie mit einem Bauchladen in der Gegend herumstehen. Doch das ganze Elend der Welt lesen wir in ihren Augen. Woher kommt so viel Mutlosigkeit? So viel schlimme Dinge können sie gar nicht erlebt haben, wir waren ja immer dabei. Oder sollte sie das Elend der Welt genau in den Momenten heimgesucht haben, in denen wir fort waren? Davon hätten wir sicher gehört. Vielleicht brechen Augen an einem bestimmten Punkt ungünstiger Umstände zum grossen Elend durch, ohne Widerstand, einfach so, wie durch morsches Holz.

Mit dieser Elendsmiene lässt sich nichts verkaufen. Vielleicht aber lesen sie in unserem Gesicht genau dasselbe Unglück der Welt? Wir können unsere Traurigkeit nicht in unseren eigenen Augen sehen. Alles, was wir von uns wissen, haben uns Spiegel gezeigt, aber wir trauen ihnen nicht. Weil wir diskret und feinfühlig sind, wollen wir die Elenden nicht durch unpassende Bemerkungen zusätzlich verletzen. Was würde es auch nutzen? Wenn das Elend einmal da ist, lässt es sich nicht mehr wegreden. Das macht das Elend nicht mit. Am Schluss springen die Unsrigen mitsamt ihrem Bauchladen noch ins Wasser. Dann sind sie zwar ihr Elend los, aber wir bekommen ein neues hinzu.

Dann bemerken wir, wie ganz Kleine von uns herumrennen. Sie haben weder Sack noch Bauchladen. Sie halten Postkarten in den Händen oder Papiertaschentücher. Sie tragen überhaupt kein Elend im Gesicht. Sie lachen laut und machen Blödsinn, springen um uns herum, reden alle Passanten an und verkaufen. Seltsam: Wir kennen die Kleinen nicht. Sie gehören zu uns, das merken wir instinktiv, aber wir haben sie noch nie gesehen, jedenfalls können wir uns nicht erinnern. Wie alt sind sie überhaupt? Vielleicht zehn oder zwölf, wohl kaum viel älter. Wir sind schlecht im Schätzen von Kindern, weil uns der praktische Kinderbezug fehlt.

Und woher kommen sie? Kinder sind nicht einfach da, sondern müssen von irgendwo herkommen, das ist schon klar, wir sind nicht blöd. Lernbehindert, aber nicht doof. Das ist ein Unterschied. Ärztliche Fachpersonen haben uns einmal den Unterschied erklärt, wir haben ihn jedoch wieder vergessen. Egal. Komisch nur, dass wir die Kleinen heute zum ersten Mal sehen. Vielleicht können wir Kinder unter zehn Jahren gar nicht wahrnehmen? Vielleicht hängt das mit unserer Lernbehinderung zusammen oder mit unserem Alterungsprozess? Da wachsen Unsrige nach wie Gras, und man kennt sich nicht.

Als wir sie ansprechen, strecken sie uns die Zunge raus. Gibt es vielleicht ein sprachliches Verständigungsproblem? Wir versuchen es mit einer jugendlichen, weniger offiziellen Redensart. Da drehen sie uns Nasen. Es könnte auch an der Erfahrungsdiskrepanz liegen. Alles, was wir bisher durchgemacht haben, ist ihnen fremd, das ist klar, das können sie nicht kennen.

Da wachsen Unsrige nach, und wir rücken wehrlos nach oben weiter, so, als ob wir langsam den Boden unter den Füssen verlören. Seltsam, so alt sind wir auch wieder nicht. Zugegeben, im Verkaufen sind die Kleinen viel schneller, agiler und frecher ohnehin. So frech wie sie waren wir natürlich nie. Wären wir gern gewesen, haben wir aber nicht gedurft. Wir durften kein bisschen ins Freche wachsen. Schade. Vielleicht wären wir heute nicht lernbehindert, hätten wir damals richtig frech sein dürfen. Jetzt ist es zu spät. Wir sind zu alt, um frech zu sein. Heute wäre es peinlich, wenn wir frech wären. Die Lernbehinderung reicht uns.

Auch müssen wir über die Betonplatten in der neuen Stadt nachdenken, über die offenen Feuer, die uns auf den Strassen begegnen. Wir fragen uns, wer die Betonplatten mit welchem Geld und welchen Gedanken gebaut hat. Zu den Feuern fällt uns die halbe Kulturgeschichte ein. Das ist ein grosser Fehler. Das hindert uns am Verkauf und somit am Überleben. Wir finden zwar interessante Details heraus, doch es drohen uns Hunger und Obdachlosigkeit, während die Kleinen schon längst ihre Einkünfte sinnvoll in Lebensmittel und Getränke investiert haben. Natürlich kommen sie nicht auf die Idee, das Geld bei uns abzuliefern, so wie wir es damals selbstverständlich unseren Betreuern abgeliefert haben. Es gibt keine Solidarität mehr.

Ohne uns würde es die Kleinen gar nicht geben, überlegen wir. Irgendwelche von uns müssen sie irgendwann einmal gemacht haben. Anders sind sie nicht zu erklären. Wir waren nicht daran beteiligt, jedenfalls soweit wir uns erinnern. Wenn wir doch daran beteiligt gewesen wären, hätte dies erzieherische Folgen, von den juristischen und finanziellen ganz abgesehen. Doch diese Folgen müssten uns schon früher aufgefallen sein. Es hätte uns sicher jemand darauf aufmerksam gemacht, zumindest die unmittelbar Beteiligten. Hat man uns zehn, zwölf Jahre gestohlen? Oder, noch schlimmer, die Jahre vergingen, und wir haben sie nicht bemerkt?

Die Jahre vergehen einfach so, unabhängig von uns, egal, was wir tun oder unterlassen. Wir sind betroffen und können uns die Eigenschaften der Zeit nicht erklären. Würde sich damit unser Altersschub begründen lassen? Kann man so viele Jahre einfach verlieren ohne ärztliche oder polizeiliche Erklärungen? Wir wissen nicht, was mit uns geschehen ist. Aber irgendetwas passt nicht zusammen.

Wir wollten nicht straffällig werden, erzählen wir der Polizei, wir haben die ganze Zeit aufgepasst, dass sich keine Straffälligkeit einschleicht, dass wir sauber in den Feierabend gehen können. Jetzt ist der Feierabend da, und wir sitzen auf der Polizeiwache. Dieses Mal ist es weniger gemütlich als bei unseren bisherigen Begegnungen mit den Ordnungshütern. Die Polizei macht uns einen verarmten Eindruck, das Büro ist renovationsbedürftig, die Uniformen sind verschlissen. Wir bekommen weder einen Tee noch ein anderes Getränk. Einige von uns haben blasse Stirnen, die uns plötzlich furchtbar breit erscheinen und sich beulenartig wölben. Wurden sie vom Leben schlecht behandelt, haben diese Verformungen etwas mit dem Alter zu tun, oder sind es temporäre Erscheinungen des Erschreckens angesichts der verwahrlosten Polizei?

Die Beamten sitzen im Neonlicht, bohren in der Nase und wissen nicht, was sie mit uns anfangen sollen. Plötzlich wirft einer der Polizisten, wohl aus einer schlechten Laune heraus, eine Flasche nach uns. Wir beugen unseren Oberkörper geistesgegenwärtig zur Seite, so dass die Flasche an der Wand hinter uns zerschellt. Eine braune Flüssigkeit läuft die braune Wand herab.

Die Polizei ist straffällig, nicht wir. Doch uns tut die Straffälligkeit der Beamten gut. Eine gelegentliche Straffälligkeit macht der Polizei den Alltag offenbar erst richtig lebenswert. Sonst wäre für sie die Arbeit viel zu langweilig. Immer nur Kriminelle um sich herum den ganzen Tag, immer derselbe Trott sinnloser Verhöre. Irgendwann möchten sie auch einmal dreinschlagen, dürfen aber nicht, müssen sich immer streng an die Regeln halten, die der Staat gemacht hat. Damals waren das andere Kriminelle als heute. Auch die Kriminalität wandelt sich, nicht nur wir, und geht mit der Gesellschaft, passt sich flexibel dem Leben an. Die

Kriminalität ist wach und aufmerksam. Die Gesetze sind aber immer dieselben. Die Polizei kennt sie auswendig.

Uns bekommt die Kriminalität jedoch nicht. Wir hätten gern einen strukturierten Tag und nicht immer so einen Morgen, der sich wie ein formloser Sack aus der Nacht hervorstülpt. Die Kriminalität muss immer damit rechnen, dass der nächste Morgen entweder ein Sack ist oder ganz anders kommt, als man denkt. Auch hätten wir gern einmal einen Sinn in unserem Leben gefunden. Die Polizei zum Beispiel hat eine sinnvolle Arbeit. Die Beamten arbeiten für das Gute in der Welt. Nur das Militär macht das noch besser, weil für das Militär andere Spielregeln gelten. Wir halten das für eine Ungerechtigkeit des Staates gegenüber der Polizei, die jeden Tag auf Streife gehen und die hässlichen Seiten der Kriminalität aushalten muss. Das Militär sitzt den ganzen Tag untätig und von der Gesellschaft und ihren Verrohungen gut geschützt in der Kaserne. Nur alle fünfzig Jahre kommt ein Krieg. Dazwischen kann das militärische Leben sehr ruhig und friedlich sein.

Wir stellen eine Entfremdung zwischen uns und der Welt fest. Aber niemand sagt uns, woher sie kommt. Vielleicht könnte dies das zunehmende Alter sein, aber wir haben leider zu wenige Vergleichsmöglichkeiten. Jemand hat uns einmal erzählt, wir hätten paranoide Zustände. Das hat uns weder gefreut noch geholfen, stellte sich aber als bleibende Verletzung unseres Seelenlebens heraus. Unser Seelenleben hat es sowieso nicht leicht mit uns. Ohne ein gesundes Seelenleben funktioniert der ganze Rest nicht mehr.

76 Heldengedenktag

Wir haben Glück und werden nach wenigen Tagen in unser Ursprungsland abgeschoben. Ein Aufenthalt bei einer fremdländischen Polizei kann manchmal lange dauern. Wir sind für unsere Rückkehr dankbar und wollen innere Einkehr halten. Es ist Totensonntag. Orgelmusik und Blumenkränze. Wir sind in eine Ruhmeshalle gegangen und gedenken unserer Toten. Gewaltige Helden aus Stein und Beton lehnen auf Schwerter gestützt, und hinter ihnen ragen noch grössere Helden in den Himmel.

Wir sind keine Helden, natürlich nicht. Aber gerade für Leute wie uns hat man diese Halle errichtet, damit wir erleben können, wie es wäre, ein Held zu sein, damit wir uns am Heldentum ein Beispiel nehmen. Wer noch kein Held ist, muss zu einem Helden gemacht werden. Wenn wir aus der Ruhmeshalle wieder herauskommen, sollen wir das Gefühl des Heldentums mitnehmen und in die ganze Welt tragen. Die Welt braucht Helden.

In der Vergangenheit wurde die Ruhmeshalle von jedem neuen Regime für seine Bedürfnisse hergerichtet. Für die Ideologisierungen staatlicherseits kann man weder der Halle noch den Helden einen Vorwurf machen. Die Helden sind zwar gross und mächtig, können sich aber gegen Vereinnahmungen nicht wehren. Mittlerweile hat man die Halle wieder gesäubert, und alle dürfen kommen. Man kann sich freuen, dass nicht nur die Helden, sondern auch die Adler, Löwen und sogar der Erzengel Michael, der mitsamt seinen Pferden wie ein eigenes Gebäude vor die Halle gesetzt wurde, endlich ohne Ideologie ihr wahres Wesen durch nichts als ihr schlichtes Dasein mitteilen.

Die Helden und der Erzengel Michael wissen, dass die Gerechtigkeit gesiegt hat und dass sie selbst massgeblich am Sieg beteiligt waren. Das gibt ein schönes Gefühl, an dem wir gern teilhaben, weil wir vom schönen Gefühl nicht mehr besonders viel mit uns herumtragen. Wir sind gekommen, um uns das Heldentum einmal in Ruhe anzusehen. Neben uns sitzen andere Besucher, denen die Ruhmeshalle auch gut tut. Das merken wir, dafür haben wir ein Gespür. Die Leute möchten gern das schöne Heldengefühl in sich hineinlassen und sind deshalb in stille Andacht versunken. Wir schauen zu den Heldenfiguren empor, während immer noch Orgelklänge aufsteigen, ganz weit nach oben, bis in die Kuppel, wo reitende Ritter ein steiniges Gefecht kämpfen.

Dort, wo der Erzengel Michael sich von aussen an die Ruhmeshalle drückt, sammeln sich die Stimmgewaltigsten von uns und diejenigen, die es in solchen Stunden zum Singen drängt. Wir hören geistliche Gesänge der Unsrigen, in die bald darauf auch Wildfremde einstimmen, um einen mächtigen Choral anschwellen zu lassen. Für uns hingegen steigert sich nach gewisser Zeit das von den Gesängen ausgelöste Gefühl zu seltsamer Unbehaglichkeit, der wir uns leider nicht zu entziehen wissen. Unsere bescheidene Andacht wird von emotionalen Brandungen unbändigen Singens fortgespült. Wir fühlen uns zur Unzeit aus tieferen Gedanken gerissen, zu welchen wir über mehrere Stufen innerer Einkehr gelangt sind. Und es drängen immer mehr Leute herein. Die meisten fangen gleich an, sich lautstark und ergriffen an den Gesängen zu beteiligen.

Wir waren immer schon eine gesellschaftliche Minderheit und sind nun auch noch zu einer akustischen Minorität geschrumpft. Wir sind hier, um uns an der Geschichte ein Beispiel zu nehmen. Deshalb haben wir einen weiten Weg in Kauf genommen, um ohne Alkohol und Straffälligkeit bei den ewigen Helden neuen Lebensmut zu fassen. Die Helden seien schon seit einer halben Ewigkeit da und würden auch in Zukunft alle Zeiten überstehen, nachdem sie bereits zwei schwere politische Epochen überlebt hätten, erzählt man uns. Beide Regimes suchten ungeachtet aller ideologischen Gegensätze bei den Helden und dem Erzengel Michael mit seinen Pferden geistigen Beistand. Das zeigt, wie flexibel die Ruhmeshalle auf ihre Zeit reagieren kann. Sie bietet immer Lebensmut, egal für wen. Alle, die kommen, erhalten eine Stärkung. Es kann kommen, wer will, das spielt überhaupt keine Rolle. Das ist eben das Demokratische an den Helden und am Erzengel Michael. Bereits zu Kaisers Zeiten errichtet, nahmen sie wesentliche demokratische Prinzipien vorweg, ohne dass es die Kaiserlichen gemerkt haben. Die Mutübergabe an alle, die da kommen werden, haben sie immer schon im Kern in sich getragen. Der Mut wird unterschiedslos vergeben. Die Helden sind besser als jede Therapie.

Kaiserliche und Königliche sind zwar längst verschwunden, aber immer noch wollen sie, dass wir uns an diesem besonderen Ort der Geschichte der vergangenen Taten des Landes erinnern. Die Demokratie baut keine Denkmäler, und wenn einmal doch, erst dann, wenn es zu spät ist. Sie baut, um andere für vergangene Gräuel haftbar zu machen, um sich positiv vom Vorherigen abzuheben, damit wir uns an schlimme Zeiten erinnern und dankbar sind, dass wir sie nicht erleben mussten. Die Demokratie baut, damit man der Demokratie für ihre Demokratie dankbar ist. Aber selbst etwas zu feiern hat sie nicht, und wenn, dann wird es uns immer peinlich.

In der Ruhmeshalle sorgen Wärterinnen und Wärter für einen geregelten Besucherverkehr. Sie tragen keine erhabenen Gefühle mit sich herum, das sehen wir ihren Gesichtern an, obwohl sie jeden Tag bei den Helden sind. Vielleicht darf man nicht zu häufig bei den Helden sein, sonst fallen sie einem zur Last und fressen einem den Lebensgeist weg. Die Wärterinnen und Wärter sehen so aus, als hätten ihnen die Helden das letzte Blut aus dem Leib gesogen. Vielleicht wird man krank von zu viel Heldentum? Vielleicht aber hat der Zustand der Belegschaft mit etwas ganz anderem zu tun, und die Helden sind unschuldig. Wir denken zu viel. Wer bei den Helden ist, muss fühlen, nicht denken.

Doch in Wirklichkeit hat man uns die Ruhmeshalle aus medizinischen Gründen verordnet: neue Wege in der therapeutischen Praxis. Statt jedoch wie vorgesehen mit den Siegen der Helden haben wir uns gegen Ende unseres Aufenthalts mit den Leiden des Wachdienstes auseinandergesetzt. Das war ärztlicherseits nicht geplant. Nun kommen wir statt mit neuem Lebensmut mit dem Lebensleid der Wärterinnen und Wärter aus der Ruhmeshalle zurück. Leider nützt das weder ihnen noch uns.

Als wir aus der Halle treten, fängt es an zu regnen, und das Heldentum ist im Nu verflogen. In der Halle haben viele von uns gesungen und hatten zeitweilig ein schönes Gefühl. Dann haben wir wahrscheinlich zu viel gedacht. Jetzt stehen wir draussen, schauen dem grauen Tag in seine gestorbenen Augen und finden die Helden und den Erzengel Michael mit seinen gigantischen Pferden einen einzigen Betrug. Plötzlich wirft einer in ihre Richtung ein Ei, ein anderer setzt am Rand einer Treppe einen kleinen Haufen ab, und wieder andere zünden den Kiosk an. Die Kioskbelegschaft schreit auf, versucht zuerst noch zu löschen und ergreift dann die Flucht. Da ist sie wieder, die Straffälligkeit. Alles wie gehabt. Die Helden haben nichts genützt. Die modernen Wege therapeutischer Praxis sind am Heldentum der Kaiserzeit gescheitert. Wir sind weder der Vergangenheit noch der Gegenwart gewachsen. Ja, wahrscheinlich ist es das. Wir sind schuld. Wir haben schliesslich das Ei geworfen und den Haufen abgesetzt. Da können weder der Kaiser noch die Helden etwas dafür. Wir sind die Verursacher. Wir wurden wieder straffällig: Sachbeschädigung, Brandstiftung, fahrlässige Körperverletzung, unterlassene Hilfeleistung. Es ist wieder so, wie es vorher war. Vorhin hatten wir noch ein paar tiefere Gedanken, jetzt ist das ganz normale Leben wieder zurück.

77 Schopf

Was ist das eigentlich, das Alter, hätten wir gern gewusst. Wenn wir zum Beispiel einen ganz gewöhnlichen Apfel betrachten, zieht er eine Kette von Erinnerungen hinter sich her. Bilder, Geschmäcker, Gerüche und sogar Redewendungen inzwischen Verstorbener. Der Apfel besitzt die Sprache der Vergangenheit. Das war früher anders: Ein Apfel war nichts als ein Apfel. Wir mochten keine Äpfel, obwohl man sie uns ständig angeboten und uns zum Verzehr derselben genötigt hat.

Wir erfahren, dass einige von uns eine Strategie entwickelt haben, mit dem Altern bewusster umzugehen. Das finden die Älteren von uns lächerlich. Sie teilen hingegen die nächsten Jahre in Fünfjahresblöcke ein und stellen jedes Jahrfünft unter ein sinnvolles Motto. Warum das, fragen wir. Damit die immer schneller rinnende Zeit bewusster erlebt werden könne. Warum die Zeit »erlebt« werden müsse, wollen wir wissen. Damit man ein bewussteres Leben führen könne. Wir wollen weder bewusst noch unbewusst leben, wir wollen ganz normal vor uns hin leben und vor allem nicht so viel über das Leben nachdenken, weil das Nachdenken das Leben nicht besser, sondern die Nachdenkenden nur ängstlich und am Schluss unglücklich macht. Wir möchten nicht in ständiger Lebensangst leben. Die Erwartungen ans Leben haben wir aus schmerzlicher Einsicht bereits vor einiger Zeit reduziert, weil sie uns nur unglücklich gemacht haben. Wir möchten nicht die ganze Zeit unerfüllte Erwartungen mit uns herumtragen. Vielleicht kommt die Angst von den Erwartungen, die wir immer an das Leben gerichtet haben. Wenn keine Erwartungen mehr da sind, kann sich das Leben auf ein viel unbelasteteres Leben einrichten.

Andere vertrauen uns an, dass sie sich manchmal, leider zunehmend, neben sich stehen sähen, so, als seien sie aus sich herausgestiegen. Sie hätten Grund zur Annahme, dass es sich dabei um ein Altersphänomen handle. Sie würden wie hölzerne Pferde in der Gegend stehen und sich dabei von der Seite oder von hinten wahrnehmen. Gemeinsam würden sie dann die Welt betrachten. Dies sei aber eine schmerzliche Erfahrung, denn sie empfänden insbesondere die Jüngeren als agiler, sprachmoderner und selbstbewusster. Irgendwann würden sie wieder in sich zurückkehren und nach Hause gehen. Sie befänden sich im spröden Zustand ausgetrockneter Holzhaftigkeit, roh zersägt, grob gehobelt, liegen gelassen und vergessen.

Einige von uns fassen sich gelegentlich an das Haupthaar. Ihre Hände entwickeln durch das zunehmende Überprüfen der Haardichte eine geschärfte haptische Wahrnehmungsfähigkeit für die fortschreitende Ausdünnung des Schopfes. Dann stellt sich Wehmut ein, und in der Erinnerung steigen Bilder früherer Tage auf, in denen der Schopf eine stolze Dichte besass. Diese wurde damals leider nicht bewusst wahrgenommen, sondern als selbstverständlich betrachtet. Die Selbstverständlichkeit der Haupthaardichte hat sich als ein Irrtum erwiesen, als etwas bedauerlich Veränderliches, das in seiner einstigen Schönheit durch nichts und niemanden wieder herbeigeholt werden kann. Seltsam, dass die Lernfähigkeit unseres Gehirns abzunehmen und diejenige unserer Hände zuzunehmen scheint. Wir hätten es lieber anders herum. Eine dumme Hand fällt weniger auf als ein kahler Kopf.

Wenigstens altern auch die Kleinen schon. Das tröstet uns. Einige sind noch keine dreissig und haben schon grau durchsetztes Haar. Wir deuten mit den Fingern auf das Grau und sprechen sie darauf an. Sie bezeichnen uns zuerst als Arschlöcher und bekommen dann ein schlechtes Selbstwertgefühl. Wir haben unsere Alterskrise schon lang, meinen wir, ihr sollt auch einmal eine kriegen. Es ist nicht schön, wenn plötzlich das Alter kommt und jeden Morgen mit am Tisch sitzt.

Wir befinden uns in einer anderen Stadt. Das merken wir an den Autokennzeichen. Wir haben das Gefühl, dass die Leute hier anders sprechen. Wir werden auf offener Strasse angerempelt und an die Wand geredet. Mütter mit Kinderwagen wollen uns überfahren. Alte mit Krückstöcken fangen ein Geschrei an, wenn wir nicht gleich aus dem Weg springen. Es ist unser gutes Recht, auf dem Gehweg auch einmal stehen zu bleiben und im Moment nicht weitergehen zu wollen. Dann sollen doch die Alten um uns herumlaufen. So viel Zeit werden sie wohl haben.

Wir gehen durch die Stadt und kennen die Stadt nicht mehr wieder. Wir haben angenommen, dass wir uns ganz gut orientieren könnten, schliesslich haben wir früher einige Jahre hier gelebt. Zwischen all den neuen Gebäudeblöcken, die wir noch nie zuvor gesehen haben, fällt es uns bei diesem grauen Wetter schwer, die Himmelsrichtungen zu bestimmen. Wir finden ein altes Gebäude, das wir von früher her kennen. Aber die ganze Umgebung rings herum hat sich verändert. Wir laufen wie Greise durch die Stadt, als seien wir mit einem Schlag vierzig Jahre älter geworden. Wer katapultiert uns in die Zukunft, die sich wie die Gegenwart anfühlt? Wer hat das Recht, uns so alt zu machen? Muss es denn unbedingt sein, dass wir uns unvorbereitet als Greise erleben?

Wir sehen uns von aussen zu, wie wir früher hier herumliefen. An jeder veränderten Strassenecke versetzt es uns einen kleinen Altersschub. Im Off unserer Vergangenheit laufen wir ein Stück an den neuen Häuserzeilen der Gegenwart weiter, doch schon an der nächsten Ecke holt uns die Vergangenheit wieder ein. Wir erkennen ein altes Gebäude wieder, nicht aber alle anderen ringsherum. Die Vergangenheit schiesst uns in die Zukunft und die Zukunft wieder in die Vergangenheit zurück. Unser Kopf ist nicht so elastisch, wie er jetzt sein müsste. Wir können die inneren Bilder nicht so ohne weiteres mit den äusseren in eine vernünftige Beziehung setzen. Es wäre uns wohler, wenn das Ganze eine Entwicklung auf ein sinnvolles Ziel nähme.

Wie wird es wohl sein, wenn wir in zwanzig Jahren wiederkommen, wenn schon jetzt unser eigener Tod mit uns herumspaziert? Wir sehen keinen Grund, unser Alter zu legitimieren. Niemand kann uns den Vorwurf machen, dass wir uns nicht mehr auskennen. Früher sind wir ohne Alter und Tod an denselben Orten unterwegs gewesen. Ein altes Gebäude war ein altes Gebäude, nichts mehr und nichts weniger. Heute bemerken wir einen Unterschied, weil in der Gegenwart dieser Stadt immer auch unsere Vergangenheit enthalten ist. Wenn die Vergangenheit überhand nimmt, kann der Tod nicht mehr weit sein. Aber niemand muss sich vorher für seinen Tod entschuldigen. Wenigstens das nicht.

79 Zwei Städte, zwei Schrecken

Wir geraten mit den Städten durcheinander. Gerade waren wir noch in einer Stadt mit Männerversammlungen an allen Ecken und Enden. Es wurden Bomben gelegt, es gab Rauchwolken über der Stadt, Blutüberströmte begegneten uns, Polizeikontrollen, Verhaftungen, Verhöre. Wir verloren den Überblick über uns, manche liefen davon und wurden nicht mehr gesehen. Wieder eine Ausnahmesituation, und wir mitten drin.

Wir müssen uns von der Vorstellung befreien, für alle von uns verantwortlich zu sein. Wir wollen in Wirklichkeit gar nicht wissen, ob welche von uns an den Attentaten beteiligt waren, andere von uns verletzt und wieder andere inhaftiert wurden. Wir haben Ahnungen, die wir aber mit den anderen nicht besprechen können, weil wir unter den Unsrigen Täter und Opfer vermuten. Wir wissen nicht, wer was ist, wer was einmal getan hat oder in Zukunft einmal tun wird, weil sie uns das nicht sagen und diejenigen, die es sagen würden, noch nicht wissen, was sie einmal tun werden und es vielleicht tatsächlich noch nicht einmal wissen können. Auch die Bombenleger dieser Stadt haben einmal nicht gewusst, dass sie Bomben legen würden. Es ist dann irgendwann einmal passiert.

Vielleicht haben wir moralische Werte zu wenig gepflegt und sie nicht oder nicht mit genügender Sorgfalt an die nächste Generation weitergegeben. Vielleicht sind wir mittlerweile schlicht und einfach zu viele Personen. Wenn es viele Leute gibt, sind auch Bösartige darunter. Einer hat immer gerade Durchfall, auch wenn er das nicht wünscht. Der Durchfall fragt ihn nicht. Lange geht es gut, aber irgendwann kommt der Durchfall, das geht allen so. Vielleicht haben wir falsche Erwartungen ans Leben gehabt, Erwartungen, die das Leben nie einlösen kann, auch wenn es dies gelegentlich vielleicht möchte. Wir können mit niemandem offen darüber sprechen. Manchmal scheinen uns auch Glaubensfragen im Spiel zu sein. Wir haben nichts gegen die Religionen dieser Welt. Früher in der Kirche ist uns allerdings die Musik immer lieber gewesen als das, was gesprochen wurde. Im Kircheninneren ausgesprochene Worte waren uns meistens peinlich.

Wir laufen Polizeiabsperrungen entlang und versuchen, ins Zentrum einer anderen grossen Stadt zu gelangen, die wir von früher kennen. Weit entfernt von Bombenanschlägen und brennenden Autos sind wir in vielen kleinen Schritten gealtert. Das haben wir nicht geahnt, damit haben wir nicht gerechnet. Wir finden niemanden, den wir dafür verantwortlich machen können.

Wir wandern durch die Stadt von früher, als uns eine seltsame Beklemmung befällt. Wer hat die neuen Gebäude errichtet? Früher hat es uns besser gefallen. Zwar gab es in manchen Stadtteilen keine Freiheit, dafür war sie in den anderen Vierteln umso ausgeprägter zu spüren. Vielleicht hatten wir damals einfach Glück und haben das Glück dummerweise nicht bemerkt. Wahrscheinlich sind Attentate und Altersschübe der normale Lebenszustand. Warum haben wir das Glück bloss nicht bemerkt, als es für einige Zeit bei uns gewesen sein muss?

Wir laufen in der Stadt herum. Natürlich ist es ein grosser Vorteil, dass wir jetzt auch in den anderen Stadtteilen etwas zu essen kaufen können, zum Beispiel eine Currywurst oder ein frisches Streuselteilchen. Überall gibt es Kaffee. Und die grossen, alten Häuser sind richtig schön geworden. Wir staunen. Wir müssen ständig stehen bleiben, schauen und uns wundern. Natürlich freuen wir uns, wenn ein altes Haus mit seinen vielen Geschichten auf einmal wieder schön wurde. Auch wenn wir immer wieder als stattliche Gruppe andere Passanten behindern, lassen wir uns von niemandem abhalten, uns zu freuen. Endlich können wir uns einmal wieder freuen. Grundlos freuen, obwohl die Häuser gar nicht uns gehören. Und viel mehr als eine Currywurst oder ein Streuselteilchen haben wir von der neuen Freiheit auch nicht, weil wir schon immer dort gewohnt haben, wo die Freiheit war. Das ist angenehm, aber nicht unser Verdienst. Man kann sich wirklich nicht darüber beklagen, dass es hier jetzt alles gibt, dass es für alle alles gibt. Darüber kann sich niemand aufregen, auch nicht, dass man nun überall und so lange man will seine Meinung sagen darf, obwohl sie niemand hören will.

Wir begegnen Mahnmalen in dieser Stadt, Erinnerungsmarken aus Messing in den Boden eingelassen zum Beispiel oder grossen Arealen mit Tafeln, auf denen der Bau wichtiger Denkmäler angekündigt und erklärt wird. Die Bautätigkeit dauert noch lange an, viel länger als bei jedem normalen Haus. Ein Mahnmal ist kein normales Haus, deshalb muss es auch viel länger dauern. Ein Mahnmal muss für die Ewigkeit halten. Da müssen schon beim Denken viel mehr Schwierigkeiten bewältigt werden. Immer, wenn etwas ewig halten soll, wird es zuerst beim Denken und dann bei der allgemeinen, demokratischen Meinungsbildung schwierig. Wenn eines fernen Tages glücklich fertiggestellt, muss bei der Begegnung mit dem Denkmal viel mehr nachgedacht werden als bei einem normalen Haus. Der Staat will, dass wir über unsere Gräueltaten nachdenken, dass wir unsere Schuld nicht im Laufe der Zeit nur noch absitzen. Warum eigentlich? Weil wir schuld sind? Wer ist schuld? Wir sind schuld, weil andere schuld sind.

80 Sicherheitsbereich

Über Nacht ist ein wenig Schnee gefallen. Am Morgen graupelt es. Der Asphalt glänzt schwarz. Wir laufen in der Stadt herum, stellen uns auf einen der grossen Plätze. Aber es passiert nichts. Wir gehen zu einem anderen Platz mit schönen, alten Gebäuden, warten geduldig, sitzen auf Bänken, stehen in Hauseingängen, frieren, aber nichts geschieht.

Jeden Tag passiert auf der Welt so viel, warum passiert hier nichts, mitten in dieser grossen Stadt? Jeder Fernseher ist am Ende eines Tages voll mit Katastrophen und Kriegen. Wir sitzen mitten im Herzen der Stadt, aber es passiert einfach nichts. Tafeln mit Fotos und Texten in verschiedenen Sprachen erklären uns, dass hier einmal viel los war, dass sich Zeitgeschichte abgespielt hat. Aber jetzt ist davon nichts mehr zu spüren. Wahrscheinlich hat sich die Zeitgeschichte anderswohin verzogen.

In der Nähe hat die Polizei eine Querstrasse abgesperrt. Es darf niemand durch, wir auch nicht. Die Polizei steht genauso herum wie wir. Sie friert wie wir, hat aber Polizeimützen auf, die gegen die Kälte helfen. Nur einige wenige von uns haben Wollmützen angezogen. Den anderen graupeln die kleinen Nässepartikel aufs Haupt.

Wir überlegen uns, ob wir eine Demonstration beginnen sollen, aber wir wissen nicht gegen was. Natürlich haben wir viele Ideen, gegen was man sich wehren müsste, doch wir können uns nicht einigen. Für eine Einigung sind wir zu viele, für eine Demonstration zu wenige. Wir bleiben uns uneinig und demonstrieren daher nicht. Ausserdem fehlt uns der innere Antrieb für eine überzeugende Demonstration, und wir wollen nicht schon wieder zu Protokollen zur Polizei.

Offenbar sind wir aber doch so viele, dass wir im Stadtbild auffallen, jedenfalls der Polizei. Aus der Querstrasse kommen zwei Mannschaftswagen gefahren. Sie hätten ruhig zu Fuss gehen können, so weit ist das nun wirklich nicht bis zu uns. Die Polizei steigt aus und meint, dass wir hier nicht herumstehen dürften, weil das ein Sicherheitsbereich um den Regierungsbezirk sei. Wir sagen, dass wir das erstens nicht wüssten und es zweitens eine schöne Idee fänden, wenn wir, das Volk, uns in der Nähe der Regierung aufhielten. Vielleicht würden wir sogar einmal einen Regierungsvertreter zu Gesicht bekommen, wir könnten ihn etwas fragen oder ihm aus unserem Leben erzählen. Das schiene uns im Übrigen ein ganz und gar demokratischer Gedanke, ergänzen wir, weil uns einfällt, dass wir in einer Demokratie leben. Das geht nicht, antwortet die Polizei. Niemand interessiere sich für unser Leben, die Regierung schon gar nicht, sie habe anderes zu tun. Aber wir sind das Volk, entfährt uns. Wenn nicht für uns, für wen sonst arbeitet diese Regierung? Die Regierung arbeitet ausschliesslich für das Volk, für wen denn sonst? Aber das Volk, das sind andere. Wer ist das Volk? Wir sind das Volk! Das Volk sind die, die zahlen. Wer auf Kosten des Volkes lebt, ist kein Volk. Wer viel zahlt, hat etwas zu sagen. Wer am meisten zahlt, regiert.

Es hat schon wieder geschneit. Der Schnee liegt dieses Mal höher. Wir sind von der Stadt in ein Dorf gelangt. Jemand hat uns erzählt, dass es sich in einem Dorf günstig leben lässt. Wir wissen nicht, wie wir in dieses Dorf gekommen sind. Es muss von der Stadt weit entfernt sein, denn die Dörfer in der Umgebung der Stadt waren eher flach und trist und hatten einen furchtbaren Durchgangsverkehr. Alle Lastwagen wollten in die Stadt, keiner in das Dorf. Im Dorf wollten sie höchstens pinkeln oder eine Bratwurst essen, manchmal auch eine Gulaschsuppe. Dazu sind die mobilen Imbissbuden da, die in die verkehrsreichsten Dörfer fahren. Die Gulaschsuppenversorgung hat nicht schlecht funktioniert, das stimmt.

Doch hier kann keine Rede davon sein. Keine einzige Imbissbude weit und breit. Es ist wesentlich bergiger. Hohe Gipfel stehen direkt hinter dem Dorf. Die Häuser sind überwiegend aus Holz gemacht mit bunten Ornamenten auf den Wänden. Das gefällt uns. Wir stehen auf der Strasse und wissen nicht, ob wir uns zuerst die Häuser oder die Berge ansehen sollen. Beide Motivgruppen sind für unsere angestrengten Augen gut geeignet. Das merken wir nach kurzer Zeit. Aber es liegt Schnee im Dorf und um das Dorf herum. Vielleicht war es keine gescheite Idee, zu dieser Jahreszeit in ein Dorf in den Bergen zu fahren. Der Schnee bringt Kälte mit sich. Die Mützenlosen unter uns könnten jetzt eine Polizeimütze gut gebrauchen oder einen Taschenofen.

Wir begegnen den ersten Leuten des Dorfes. Sie schauen uns ganz genau an. Wir sind das nicht gewohnt und müssen gleich wieder wegsehen. Wir finden diese Sitte unangenehm und bekommen das Gefühl, dass mit uns etwas nicht stimmt. Dieses lang anhaltende Kucken ist eine Ungerechtigkeit, finden wir. Wir starren die Leute des Dorfes auch nicht ewig an. Wir kucken vielleicht einmal flüchtig aus dem Augenwinkel, und dann hat sich das erledigt. Ausserdem grüssen uns wildfremde Leute, während sie kucken. Sie grüssen, während sie sich kuckend auf uns zu und dann an uns vorbeibewegen. Leute, die wir in unserem Leben noch nie gesehen haben. Warum tun sie das? Sie kennen uns doch nicht. Einfach so, mitten auf der Strasse.

Von der Post werden wir jedoch sehr zuvorkommend bedient, als wir eine Postkarte verschicken wollen. In diesem Dorf haben wir zum ersten Mal seit langem an eine uns bekannte Person gedacht, nein, geradezu denken müssen. Vielleicht weil das Dorf so weit weg ist von allem, fühlen wir uns auch von der Person weit entfernt. Eine Postkarte könnte die Entfernung verkürzen. Für ein paar Minuten jedenfalls, solange wir über Nähe und Entfernung nachdenken. Auf die Postkarte, die das Dorf darstellt, haben wir sorgfältig und liebevoll unsere herzlichen Grüsse geschrieben, viel mehr ist uns leider nicht eingefallen, obwohl wir nachgedacht haben und der Person gerne noch etwas Nettes oder Lustiges notiert hätten.

Im Dorf ist nichts los. Wir sitzen in der einzigen Bushaltestelle und um die Bushaltestelle herum. Manchmal kommt jemand vorbei, starrt uns an und grüsst. Es ist unglaublich ruhig. Wir können uns atmen hören. Vielleicht gelingt es uns hier, unsere Polizeiphobie der letzten Zeit abzubauen. Im Dorf gibt es sicher keine Polizei, aber eine Post. Die Post hat uns freundlich behandelt. Die Polizei soll ruhig die Regierung schützen, die unsere Regierung gar nicht ist. Wir sind nun in diesem Dorf. Hier braucht niemand eine Polizei und schon gar keine Regierung. Wir auch nicht. Wir brauchen eine Post für die Postkarte. Das nächste Mal könnten wir der Post aus unserem Leben erzählen. Wir haben den Eindruck, dass die Post Zeit hat. Das müssen gesunde Arbeitsplätze sein auf der Post, da wird man zu einem freundlichen Menschen. Man muss geradezu freundlich werden, selbst wenn man von Haus aus gar nicht freundlich ist. Hier macht einen die Post freundlich, es geht nicht anders, freundlich und beflissen.

Das Dorf besitzt auch eine Kirche. Hier hat jedes Dorf eine Kirche. Wir gehen in die Kirche und finden alle Platz. Es ist immerhin etwas wärmer als draussen. Aber es passiert nichts. Niemand übt Orgel, fegt den Kirchenboden oder wechselt die Blumen aus. Kein Pfarrer ist da. Wir warten und starren auf das Holzkreuz. Irgendwohin müssen wir ja schauen, aber es fällt uns nichts Vernünftiges dazu ein. Früher war das noch anders, da hätten wir uns an eine Bibelstelle oder etwas Ähnliches erinnert. Aber das ist zu lange her. Es fällt uns in diesem Bereich nichts mehr ein.

Bevor die Leute uns etwas verkaufen oder im Gasthaus eine Essensbestellung entgegennehmen, fragen sie uns, ob wir Geld haben. Wir können die Frage nicht so leicht beantworten, weil wir nicht wissen, wie viel Geld die anderen von uns bei sich haben. Wir wissen noch nicht einmal, womit die anderen ihr Geld verdienen, ob sie überhaupt etwas verdienen oder ob sie zum Beispiel eine Invalidenrente beziehen. Vielleicht haben sie keine Postkarte auf der Post verschickt, sondern Geld geholt. Wir reden nicht gern übers Geld, im Gegenteil, wir haben ein gewisses Problem damit. Wir wollen von den anderen nicht so genau wissen, woher sie ihr Geld bekommen. Wir haben das Gefühl, dass es sogar dunkle Kanäle geben könnte. Vielleicht sind einige von uns Geldwäscher, die sich uns nur anschliessen, um schmutziges Geld zu waschen, indem sie sich als sozial benachteiligte Lernbehinderte tarnen. Vielleicht erpressen sich einige von uns gegenseitig und verlangen Schutzzoll. Wir wollen das nicht wissen. Wer zu viel weiss, wird unglücklich. Aber im Dorf will man das immer ganz genau wissen. Jeder von uns kuckt deshalb in seinen Geldbeutel und winkt glücklich mit einer Note, wenn er eine findet. Dann werden wir bedient.

Die Kontrollmechanismen, die das Dorf in langen Jahren eingerichtet hat, gefallen uns nicht. Im Gasthaus werden wir am Abend ausgefragt. Woher wir kommen, wohin wir gehen, was wir ausgerechnet in diesem Dorf suchen. Wir wissen es nicht. Wir seien zufällig hier. Irgendwo müsse der Mensch ja schliesslich sein, irgendwo müsse er mit sich selbst hingehen. Warum also nicht hierher? Sie seien schliesslich auch da. Bei ihnen sei das selbstverständlich. Sie antworten, dass sie hier seit jeher wachsen und leben würden. Aber warum müssen wir uns dafür rechtfertigen, dass wir hier sind? Sie könnten sich freuen, dass jemand in ihr abgeschiedenes Dorf kommt und für Abwechslung und Gesprächsstoff sorgt. Sie glauben uns nicht, beäugen uns misstrauisch, halten uns für Idioten. Wir sind für sie Idioten, obwohl wir so viele sind, dass sie sich eigentlich vor uns fürchten müssten. Dass sie nicht Angst vor uns haben, ärgert uns. Niemand hat heute mehr Angst vor uns oder wenigstens Respekt. Auch die dümmsten Leute im letzten Dorf nicht. Das war früher anders.

82 Die Post erzählt

Natürlich ist das Leben günstig auf dem Dorf. Ein Matratzenlager hat sich irgendwann einmal finden lassen. Grosse Ansprüche haben wir keine mehr. Wir hatten in letzter Zeit wenig Gelegenheit, eine Privatsphäre um uns herum aufzubauen. Die Notschlafstellen in der Stadt waren in Ordnung, doch im Matratzenlager des Dorfes können wir auch am Tag ein Nickerchen machen, was einige von uns gerne tun, ob aus Müdigkeit oder Mangel an Unterhaltungsmöglichkeiten wissen wir nicht.

Einige von uns liegen den ganzen Tag im Matratzenlager. Vielleicht sind sie krank, oder es geht ihnen sonst nicht gut. Andere gehen spazieren. Wir sehen sie aus dem Dorf hinaus in die Landschaft wandern. Wenn sich etwas auf den nahen Berghängen bewegt, müssen es Unsrige sein. Wer sonst stochert im Winter, mitten im Schnee, an Berghängen herum? Geht es darum, eine schöne Aussicht zu finden? Die Aussicht können wir uns vom Dorf aus problemlos vorstellen. Eine Aussicht ist schön, aber an sich überflüssig.

Andere sitzen den ganzen Tag in der leeren Kirche herum, in der nichts passiert. Noch nicht einmal ein Gottesdienst wird abgehalten. Durch ihr eisernes Schweigen erhöhen sie den Schweigedruck im Inneren der Kirche. Wenn viele schweigen, traut sich niemand mehr, etwas zu sagen oder eine Frage zu stellen. Wir wissen nicht, ob sie während des Schweigens denken oder abschalten oder sich ein schöneres Leben vorstellen. Wir erfahren nicht das Ziel des Schweigens oder auf was sich das schweigende Verhalten zu bewegt. Unserer Meinung nach muss sich alles im Leben auf ein sinnvolles Ziel hin entwickeln. Möglich, dass für einige das fortgesetzte Schweigen, ähnlich der Aussicht, im Inneren etwas Positives bewirkt.

Wieder andere verbringen die meiste Zeit auf der Post. Zwar sind die Öffnungszeiten begrenzt, aber sobald sie geöffnet hat, sind Unsrige dort. Das Verschicken einer Postkarte dient als Vorwand, um aus dem Leben zu erzählen. Doch davon ist die Post keineswegs überrascht, lässt die Unsrigen kaum zu Wort kommen und beginnt selbst, aus ihren Lebenserinnerungen zu berichten. So werfen sie wechselseitig Begebenheiten, die das Leben schrieb, in den Raum, dankbar, endlich dem inneren Erzähldruck nachgeben zu dürfen. Was die Post tatsächlich erzählte, haben die Unsrigen am selben Abend bereits nicht mehr gewusst, weil sie ganz auf ihr eigenes Erzählen konzentriert waren. Es hätten auch noch andere Postbesucher zu erzählen begonnen. Es sei zugegangen wie bei einem Erzählwettbewerb. Einer habe lebhafter erzählt als der andere. Keiner habe die Post mehr verlassen wollen, während immer neue Erzählwillige und Erzählgewaltige eingetreten seien. Schon bald habe ein vielstimmiges Erzählstimmengewirr geherrscht, vor und hinter dem Schalter. Alle hätten erzählt, aber keiner habe zugehört.

83 Zettelloser Verbleib

Während unserer Tage im Dorf beobachten wir, dass sich die Zahl der Unsrigen ganz allmählich verringert. Zuerst kaum merklich, dann stärker und stärker. Eigentlich hätten wir in solchen Fällen eine ordentliche Abmeldung erwartet. Warum sich wer, mit welchem Reiseziel und vor allem mit welchem Grund von uns verabschiedet. Aber offenbar gibt es keine korrekte Abmeldung mehr. Die Leute verschwinden einfach, ohne etwas zu sagen. Noch nicht einmal einen Zettel finden wir. So ein Zettel ist rasch geschrieben. Wir erwarten keine seitenlange Begründung, keine Stilsicherheit im schriftlichen Ausdruck, sogar über gewisse orthographische Mängel hätten wir hinweggesehen. Aber einfach wort- und zettellos zu verschwinden. Nein. Wir fühlen uns missachtet und ignoriert, so, als gäbe es uns nicht, als seien wir bereits gar nicht mehr da.

Dabei leben wir noch und denken jeden Tag etwas. An jedem Tag, der kommt, bilden wir mehrere Gedanken. Wir bilden sie nicht nur, wir bringen sie auch aus uns heraus, zumindest die guten. Man muss die positiven Gedanken aus seinem Inneren in die Welt hinausschaffen, damit sie vom Guten etwas hat, dann nützt es auch uns, denn man wird die Urheber guter Gedanken anerkennen und ihnen einen Dank aussprechen.

Von unseren Leuten haben sich einige einfach davon gemacht. Natürlich sind wir früher auch einmal verschwunden. Wir können gut verstehen, dass man plötzlich weg muss, dass es einen auf ein Mal woandershin drängt. Jeder muss mal weg. Das ist klar. Aber nicht ohne Abmeldung. Die Gedanken, die wir uns zu diesem Vorgang bilden, bringen uns keine Heiterkeit. Wir müssen deshalb tagsüber ins Matratzenlager gehen und die schlechten Gedanken aushalten, weil wir sie nicht aus uns herauslassen können.

Jeder macht, was er will, was ihm gerade einfällt. Es findet kein gemeinschaftliches Denken mehr statt. Auch die Bergsteiger, Kirchgänger und Posterzähler unter uns machen nur noch, was ihnen passt, was ihnen im Moment gerade gut tut. Es findet keine Koordination oder innere Abstimmung mehr statt, was beim Frühstück problemlos möglich wäre und früher immer funktionierte.

Wir hefteten einen Zettel an die Tür des Matratzenlagers, auf dem wir in Schönschrift – damit alle die Botschaft gut lesen können – geschrieben haben, dass wir uns Gedanken machen müssten über den nicht mitgeteilten, unangekündigten Verbleib der Unsrigen. Aber es kommt während der ganzen Zeit, in der wir bei den Matratzen ausharren, niemand vorbei, um unseren Zettel zu lesen. Es interessiert sich keiner für unseren Zettel, für unsere Gedanken und erst recht nicht für uns. Ob wir tagsüber im Matratzenlager versuchen, ein paar positive Gedanken aus uns herauszufiltern, ist allen egal. So weit ist es also gekommen. Das ist geistig von uns übrig geblieben. Warum ist es nicht mehr so wie früher? Warum möchten nur wir, dass es so ist wie früher? Warum wollen das die anderen nicht? Sie hätten auch etwas davon, nicht nur wir. Alle wären glücklicher. Aber das wird von der Mehrheit nicht gewollt.

84 Wir wissen nicht mehr, was wir denken

Wir sind für einige Zeit nicht straffällig geworden, dafür hat ein Auflösungsprozess begonnen, der uns hierhin und dorthin verteilt, ohne dass wir genaue Gründe kennen. Es kommt auch niemand vorbei und erklärt uns das. Vielleicht sind einige von uns irgendwo doch straffällig geworden, und wir haben es nicht bemerkt? Unsere Leute rennen mit einer Lernbehinderung und einer potentiellen Straffälligkeit in der Welt und in den benachbarten Dörfern herum, und wir können nichts dagegen tun.

Wir können noch nicht einmal die Polizei oder den Bürgermeister anrufen, weil wir nicht wissen, wo wir sind und was wir gerade tun. Wir wissen schon gar nicht, was wir denken. Das haben wir vorher zwar manchmal auch nicht gewusst. Das war uns immer unangenehm, aber jetzt ist es uns unheimlich, weil wir das Gefühl haben, die Kontrolle nicht nur im körperlichen Leben, sondern allmählich auch im Denken über uns zu verlieren. Es ist besser zu wissen, was man denkt. Dann kann man sich auf sich selbst einstellen. Wenn es in irgendeinem Gehirn, irgendwo auf der Welt in einem denkt und man merkt es nicht, kann das zu Reaktionen führen, die man gar nicht mitbekommt, für die man aber später haftbar gemacht werden kann.

Wenn wir wüssten, was wir denken, könnten wir zum Beispiel die schlechten Gedanken, die uns zu einer Straffälligkeit führen möchten, als solche erkennen und mit guten Gedanken zu verdrängen versuchen. Jede Straftat hat einmal mit einem schlechten Gedanken angefangen. Hätte man ihn rechtzeitig erkannt und aufgelöst, wäre keine Straftat entstanden. Deshalb müssen wir unbedingt unsere Gedanken kennenlernen. Wie sollen wir das aber fertig bringen, wenn wir noch nicht einmal wissen, wo wir uns gerade aufhalten, wenn wir keinen Zettel von uns mit Hinweisen auf uns finden? Wir finden nur den Zettel, den wir selbst geschrieben haben. Aber den kennen wir ja schon.

Nur noch wenige von uns sind da. Wir haben uns ohne vernünftigen Grund verteilt, sind hierhin und dorthin gewandert. Im Dorf sehen wir gelegentlich noch Einzelpersonen von uns herumlaufen. Offenbar haben wir uns vereinzelt oder Zweierkombinationen gebildet. Mehr nicht. Sie stehen in den Winkeln des Dorfes. Das sieht nicht gut aus, das riecht eher nach kriminellem Verhalten. Die Leute kucken uns komisch an. Noch strenger als vorher. Jemand von uns hockt den ganzen Tag im Bushäuschen, fährt aber nicht ab. Das geht nicht. Einige andere sitzen in grossen Abständen verteilt in der Kirche. Da ist es etwas wärmer. Wir hören, dass jemand bei einem Bauern den Stall ausmistet und andere im Gasthaus in der Küche arbeiten. Wenn überhaupt eine Arbeit aufgenommen werden kann, handelt es sich um Hilfsdienste. Wir sind bestenfalls Gehilfen, Gehilfen in irgendeinem Dorf. Ein Zufall, aber kein Lebensplan.

Dann kommt doch noch die Polizei ins Dorf gefahren. Die Leute kucken. Selbst in scheintoten Gebäuden öffnen sich plötzlich Fenster. Man bettet die Ellbogen gemütlich auf Kissen, richtet sich auf ein längeres Spektakel ein. Die Polizei macht die Schiebetür des Kleinbusses auf und lässt ein paar von uns heraus. Wo wir seien, wird gefragt. Und wo diese Unsrigen ihren Wohnsitz hätten. Wir haben es geahnt, es musste so kommen. Es ist nur eine Frage der Zeit bis zur nächsten Straffälligkeit. Doch es stellt sich bald heraus, dass offenbar gar kein Straftatbestand der Unsrigen nachweisbar ist. Längere Zeit seien sie einfach nur herumgestanden und hätten nichts getan. Das ginge nicht. Im Dorf habe jeder etwas zu tun. Wer nur herumstehe und zusehe, falle unangenehm auf und habe in einem ordentlichen Dorf nichts zu suchen.

Die Unsrigen aus dem Kleinbus sagen, sie hätten sich über das Dorf Gedanken gemacht, einige davon sogar zu

Papier gebracht, wechselseitig habe man seine Beobachtungen miteinander ausgetauscht. Das sei interessant gewesen und habe zu vertieften Einsichten ins dörfliche Leben geführt. Aber die Polizei lässt das nicht gelten. Das kann jeder sagen, meint sie, woher solle sie wissen, ob das mit den Gedanken stimmt. Erst recht sei es für die Polizei nicht möglich zu erkennen, welche Art von Gedanken überhaupt gebildet worden sind. Die Notizen habe die Polizei nicht lesen können oder wollen, entgegnen die Unsrigen. Vorsichtshalber hätten die Beamten die Rückschaffung ins Ursprungsdorf beschlossen.

Im Dorf ist man über diese Idee der Polizei nicht erfreut, vor allem deshalb, weil man überhaupt nicht das Ursprungsdorf von uns sei. Wir seien Zugelaufene von irgendwoher, ruft es von allen Seiten, auch aus den Fenstern der scheintoten Häuser. Arme fuchteln, Münder stossen Schimpfworte aus. Wir würden hier die ganze Zeit nutzlos herumstehen und von morgens bis abends die Kirche blockieren. Nur wenige hätten eine ordentliche Tätigkeit aufgenommen und würden da und dort ein wenig zur Hand gehen. Das geht so nicht weiter, beschweren sich die Leute bei der Polizei. Die Polizei solle uns alle einsammeln und mitnehmen. Solange kein Straftatbestand vorliegt, können wir niemanden mitnehmen, meint sie. Und so viele sowieso nicht. Wohin sollten wir sie überhaupt schaffen?

VIII Wald

Eine Lähmung unseres sozialen Gefüges tritt ein. Wir fühlen uns taub, empfindungslos und hören uns gegenseitig nur noch schwach, als seien wir schwerhörig. Wir sehen uns hinter Schleiern. Wir hocken noch eine Zeitlang herum, werden von den Dorfbewohnern täglich zum Teufel gewünscht, bis uns eines Tages der Pfarrer begegnet. Hinter dem Dorf, am Waldrand, betreue er ein Heim. Wenn wir Lust hätten, könnten wir mitkommen, uns das Ganze einmal ansehen und gegen Kost und Logis dort arbeiten. Da uns im Moment nichts besseres einfällt und wir uns wenigstens darin einig sind, im Dorf nurmehr wenig Sympathien zu geniessen, beschliessen wir, das Angebot des Pfarrers zu prüfen.

Wir laufen mit ihm einen schmalen Weg aus dem Dorf heraus, fühlen uns befreit und erleichtert, den Kontrollmechanismen des Dorfes und der üblen Nachrede zu entkommen. In einer feuchten Senke des Waldes erreichen wir das Heim. Rauch steigt aus Kaminen. Wir schauen uns zuerst das Heim und dann seine Bewohner sorgfältig an und sind nicht wenig erstaunt, einzelne von uns bereits beim Fegen vor dem Haus, beim Betten machen oder in der Küche anzutreffen. Immerhin: Wer Betten macht, macht keine Dummheiten. Wer fegt, ist nicht straffällig.

Wie ist das Leben im Heim, fragen wir die anderen. Wir fegen eben, meinen sie. Es gebe hier immer etwas zu fegen. Jeder solle mal im und um das Heim herum fegen. Durch das Fegen lerne man das Haus und seine Bewohnerinnen und Bewohner besser kennen. Wir nehmen einen Besen in die Hand und fegen uns durch die Biografie des Heimes und seiner Belegschaft hindurch. Das funktioniert ausgezeichnet, egal, ob man fegt, bettet oder kocht.

Aber nicht nur Unsrige beteiligen sich an den Arbeiten im Heim, auch die Bewohnerinnen und Bewohner nehmen daran teil und werden von der Heimleitung dazu angeleitet. Unsrige sind von den Heimbewohnern bald nicht mehr zu unterscheiden. Wenn sie singen, singen sie mit, wenn sie spielen, sind sie mit dabei, und wenn sie vor dem Fernseher sitzen, sitzen auch sie. Wir kamen mit einem in allen Beziehungen morschen sozialen Gefüge und einem berstenden Bewusstsein unserer selbst an dieses Heim. Doch nach und nach mischen wir uns unter die Heimbewohner und lösen uns allmählich in ihnen auf. Unsere Identität erodiert, die Konturen werden unscharf, die Unterschiede schwinden. In den meisten Fällen wissen wir noch, wer ursprünglich einmal zu uns gehörte. Doch wir wissen auch, dass dieses Wissen eines Tages ganz verschwunden sein wird.

Nach einiger Zeit haben wir uns weitgehend assimiliert. Die Heimbewohner und wir haben sich wechselseitig ineinander gelebt. Wir haben uns in ihr Dasein gewohnt. Ohne dass wir besonders ausführlich aus unserem Leben erzählt hätten, sind sie in die Poren unserer Biografie gesickert, haben intuitiv unsere Sorgen und Nöte in sich aufgesogen, um sie mit sich herumzutragen. Durch eine Geste oder ein plötzliches Wort signalisieren sie, dass sie uns verstehen. Statt eine endlose Geschichte zu erzählen, sagen sie nur ein Wort, manchmal auch zwei, zum Beispiel *Waldleben* oder *Wolle*. Manchmal sagen sie noch nicht einmal ein Wort, sondern machen nur eine Bewegung mit der Hand. Es gibt auch einige, die machen gar nichts, die schauen nur.

Es wird an und für sich nicht viel geredet im Heim. Manchmal singt die Heimleitung, manchmal singen wir. Es kommt auch vor, dass wir uns plötzlich summen hören. Nicht sehr laut, gerade so, dass wir es selbst so eben hören. Warum summen wir? Wir summen nicht, sondern es summt aus uns heraus. Wir summen erst, seit wir im Heim sind. Vorher hätten wir uns das Summen nicht erlaubt.

Wenn immer möglich, haben wir Lebensgeschichten aufgenommen, darüber nachgedacht und sie in unserem Gedächtnis sorgfältig abgelegt. Die anderen tragen unser Leben mit sich herum und setzen es manchmal in den Ecken des Heimes wieder ab. Wenn jemand anderes in die Ecke kommt, nimmt er es auf und legt seinerseits etwas aus seinem Leben dort ab. Jeder trägt etwas vom anderen mit sich herum, nicht viel und auch nur unvollständig. Vieles bleibt ungewusst, manches kommt erst nach und nach zum Vorschein, anderes geht wieder verloren, sinkt in Vergangenheit und Vergesslichkeit zurück. Das Heim pulverisiert die Biografien aller Anwesenden. Das Heim ist ein grosser Fleischwolf der Lebensgeschichten und noch nicht zu Ende geschriebener Schicksale. Man muss nur in das Heim hineinhören und schon klingen viele Leben aus diesem Haus heraus. Man muss nur in die Gesichter des Heimes schauen und schon befindet man sich mitten im Teilchenzerstäuber des Lebens.

Nach einiger Zeit schneit Totenpulver leise auf alle herab, die hier leben. Es geht nicht anders. Wir müssen durch das Pulver hindurch und wissen nicht, wie es enden wird. Das Pulver könnte uns eine Rückkehr in die Welt erschweren. Wir hatten noch nie mit einem solchen Pulver zu tun. Es fehlt uns die praktische Pulvererfahrung. Wir wissen nicht, welche Rolle das Pulver für ein mögliches Weiterleben in der Welt spielen wird, ob wir eines Tages das Heim überhaupt lebend würden wieder verlassen können. Die Heimleitung macht zwischen Leben, Pulver und Tod keinen Unterschied.

87 In den anderen und in uns selbst

Das Heim lässt unsere Haare vollends ergrauen, siebt still und leise immer mehr Pulver in unser Gehirn, das uns innerlich seltsam stark macht. Es ist höchst verwunderlich, aber das Heim macht uns tatsächlich stark. Wir haben nicht gewusst, dass sich das Leben von der Erinnerung ausgehend erneuern kann, auch wenn wir über das Heim vielleicht nie mehr hinauskommen werden.

Es genügt, wenn einer eine Hand waagrecht hält, jemand seinen Kopf seitlich neigt oder uns ein Blick mit kaum gehobener Augenbraue streift. Nicht dass wir wirklich verstehen würden, mehr dass wir zu empfinden glauben, wie die inneren Wege des Fühlens verlaufen können, welche tagesaktuellen Einflüsse, Stimmungsschwankungen oder dem Vergessen für Momente entrissene, erinnerte Bilder sie antreiben. Wenn jemand *gestern* sagt, füllt sich dieses Gestern mit Bildern stummer Geheimnisse. Wenn jemand *Däumling* flüstert, fallen wir in ein Labyrinth aus Märchen.

Wir erkennen in den Bewegungen und Gesten der anderen etwas von unserem eigenen Körperverhalten wieder. Wir wissen nicht, aus welcher Zeit dieses Körperbewusstsein stammt oder an welche Phase unseres Lebens es uns erinnert. Wir haben aber das Gefühl, es könnte in diesen Bewegungen etwas von unseren eigenen vormaligen oder gegenwärtigen Bewegungen enthalten sein. Auch in den verbalen Äusserungen der anderen, einem vorsprachlichen Sprechen, finden wir unser eigenes unartikuliertes Sprechen zu einer Zeit, bevor wir andere Ausdrucksformen erlernten.

Während unseres Aufenthalts im Heim trocknet unsere Selbstbezogenheit allmählich ein und bröselt wie verschuppte, abgelebte Haut zu Boden, wo wir sie nach und nach mit dem Staub der Zimmer zusammenfegen und in den Abfallkübel schütten.

Wir wurden zu einer Membran, die in beide Richtungen durchlässig ist. Etwas von uns kann heraustreten und etwas unserer Umgebung in uns einsinken. Die Fragen, ob und was es uns nützt, scheinen versickert zu sein.

Es findet ein Austausch zwischen uns und den anderen Bewohnern des Heimes statt. Wir erkennen uns gegenseitig in Erinnerungsbruchteilen und Traumfragmenten wieder. Zwar scheint sich die Komplexität des Lebens, die gesamte Schwierigkeit unserer Existenz zu pulverisieren, so dass wir den sicheren Halt in der Welt zu verlieren beginnen. Doch umgekehrt finden wir gewisse Eigenschaften unseres Selbst in den anderen wieder, so authentisch, dass wir glauben, uns selbst darin zu sehen. Nein, wir sind uns sogar sicher, dass wir in den anderen leben, schon immer gelebt haben und es bislang nur nicht bemerkten. Eine Erklärung dafür haben wir nicht. Auch die Heimleitung kann uns nicht weiterhelfen. Der Pfarrer betrachtet uns. Wir schauen uns und die anderen an.

88 Wir sind die anderen, die anderen sind wir

Wollen wir nicht gehen, fragen wir, fragen wir die anderen und damit uns selbst. Wir haben das Gefühl, dass es Zeit sei zu gehen. Wir fühlen uns innerlich gefestigt, um es erneut mit der Welt aufzunehmen, um einmal wieder aufs Neue in diese alte Welt hinauszulaufen. Dass die Welt im Heim eine andere Welt ist als draussen, haben wir gemerkt.

Wir glauben nicht, dass wir im Heim unsere Lernbehinderung überwinden konnten, und wissen nicht, wie es künftig um unsere potentielle Straffälligkeit bestellt sein wird. Wir haben keine Lust mehr, darüber zu spekulieren und uns den Kopf zu zerbrechen. Wir wissen, dass wir inzwischen viele der Unsrigen verloren haben, sei dies durch tragische Unglücksfälle, plötzliche Krankheiten oder gut getarnte Selbsttötungen. Mancher ist einfach davongelaufen. Auch haben Prozesse der menschlichen Wesensveränderung stattgefunden, des Alterns, des unbemerkten und unbeabsichtigten Auseinanderlebens. Doch sind wir nicht hinter die Gesetzmässigkeiten der Zeit und ihrer plötzlichen Realitätsverschiebungen gekommen.

Wenn wir in den Spiegel sehen, bemerken wir, dass sich etwas verändert hat. Wir stehen vor diesem seltsamen Glas, das uns wiedergibt, das uns uns entgegen wirft, ohne dass es uns vorher darauf einstimmt oder nachher in irgendeiner Form das Gesehene kommentiert, einordnet oder interpretiert. Das Glas sieht uns, spricht aber nicht. Und wir sehen uns, wie zum ersten Mal, zögernd und ungläubig.

Wollen wir nicht gehen, fragen wir, fragen wir die anderen und damit uns selbst. Während wir diese Frage, die viel nach sich ziehen, die unendlich viele Veränderungen bedeuten könnte, aussprechen, merken wir, dass es keine Unterschiede mehr zwischen uns und ihnen gibt. Wir wollen gehen, wollen aufbrechen, sagen wir. Wir fragen und wir antworten. Die Fragenden sind die Antwortenden. Wir sind sie, und sie sind wir. Wenn wir von nun an *wir* sagen, ist dies eine noch ungenauere Personenangabe, als sie es schon früher immer war. Wir sind wir, und doch sind wir nicht mehr das, was wir zuvor waren.

Wir entfernen uns vom Heim. Wir drehen uns um und sehen, dass sich fast alle vom Heim entfernen, die dort zuletzt wohnten. Eine gemeinsame Heimentfernung findet statt. Nur wenige bleiben zurück und stehen ohne zu winken am Eingang. Wir vollziehen eine körperliche und seelische Trennung vom Heim und von dem, was uns bis anhin voneinander trennte. Wir lassen einen Teil unseres bisherigen Lebens im Heim zurück. Nicht nur das Bewusstsein unserer selbst, sondern auch unsere körperliche Befindlichkeit hat sich zum Positiven verändert.

Wir schreiten mit grossen Schritten aus, die grösser sind als die Schritte, mit welchen wir vor einiger Zeit in das Heim eintraten. Wir schauen ohne Angst mit entschlossenem Blick dem feuchten Wald entgegen, der in seiner ewigen Unveränderlichkeit über uns herfallen möchte. Wir haben uns um viele Liter Blut verstärkt, besitzen wesentlich mehr Gehirnvolumen als vorher, sind um viele Biografien bereichert. Wir können dem Wald die unterschiedlichsten Antworten geben. Auf jeden Ausdruck seines Stumpfsinns eine andere.

Über unseren Stirnen hat sich ein weiter Gedächtnisraum gebildet, unsichtbar natürlich, aber umso deutlicher zu spüren. Gegen dieses Gedächtnis kann die Halbherzigkeit der Welt nichts ausrichten. Sogar in unserem weiterhin ungeheilten Zustand sind wir gegen den saugenden Strudel des Daseins gut gewappnet. Die Lernbehinderung ist unsere Chance, dem Wissen der Welt eine schiefe Ebene zu bauen, auf der alles ins Rutschen gerät. Ohne Lernbehinderung wären wir in dieses Heim nicht hineingelassen worden, hätten wir mit den anderen nie zu einem neuen Bewusstsein verschmelzen können. Wir haben Blut und Bewusstsein erneuert, konnten unsere Lebensgeschichten, Vergangenheiten und Gedächtnisse vervielfachen. Wir brechen auf. Wir sind bei uns, und gleichzeitig sind wir auch die anderen.

89 Zuerst der Wald und dann die Welt

Wir fühlen uns innerlich warm, von reichlich Blut durchströmt, gehen diesem Wald entgegen, weil wir das Dorf verabscheuen. Das Dorf würde in unseren alten Wunden wühlen. Das wollen wir nicht, weil wir uns endlich innerlich gestärkt fühlen nach so langer Zeit, während der wir unseren kontinuierlichen Niedergang, unsere emotionale Auflösung, geografische Zerstreuung und unsere vielen Todesfälle erleben mussten. Aber wir hatten keine andere Wahl. Wir mussten da ganz einfach hindurch. Das hat uns viel Substanz gekostet, doch jetzt scheinen wir gekräftigt. Das lassen wir uns von einem dahergelaufenen Dorf nicht kaputt machen.

Die jüngere Vergangenheit war die schlimmste. Vielleicht sind wir von ihr noch etwas benommen. Jedenfalls wollen wir nun alle in den Wald, nichts anderes, nur dort hinein, denn der Wald ist die erste Etappe in die Welt. Wenn wir diesen feuchten, bösen Wald überwinden, vor dem uns alle Bediensteten des Heimes eindringlich gewarnt haben, sogar der Pfarrer, kann uns nichts mehr schrecken, dann haben wir die Weltbewährungsprobe bestanden. Man soll uns diesen Wald lassen, haben wir im Heim gesagt, man soll nicht glauben, dass wir uns um diese Bewährungsprobe drücken, wenn wir eines Tages beschliessen, das Heim zu verlassen. Jetzt ist der Zeitpunkt gekommen, jetzt müssen wir in den Wald, müssen zurück in die Welt, auch wenn es uns eine Waldprobe kostet.

Es ist ein wunderbares Gefühl, wenn man nach langer Zeit innerer Auflösung in einen Wald wandern darf. Wie lange haben wir im Heim über uns selbst, über unsere Identität gebrütet. Während dieser Zeit ergaben sich erstaunliche Verschmelzungen, denen wir unser neues, wieder erstarktes Lebensgefühl zu verdanken haben. Nicht dass wir immer einer Meinung waren, aber wir sahen unsere Schwächen in den anderen, und die anderen sahen ihre in uns. Unsere Lebensbeschädigungen, die wir den ganzen Tag im Heim beklagten, die einfach einmal hinausgeklagt werden mussten, betrafen nicht nur uns, sie betrafen alle, auch die Heimbediensteten und sogar den Pfarrer.

Nun aber rücken die ersten schweren Tannen mit ihren melancholischen Zentnerlasten auf uns zu. In diesen Bäumen und zwischen ihnen bemerken wir ein dumpfes, hinterhältiges Schwarz, das seine Identität verhüllt. Eine sture Dunkelheit, die jeden beelendet, der in dieser Gegend glaubt, durch den Wald zu müssen. Wir sind uns einig, dass dieses Schwarz uns nicht schrecken wird, und betreten mit nicht zu langsamen Schritten das Dunkel. Morastige Gerüche steigen auf, Waldmoder und morsches, abgelebtes Holz dringen bis in die hintersten Winkel unserer Nasen und von dort als sinnliche Impulse in die entlegensten Windungen unserer Gehirne. Bald verfügen wir in unserer Vorstellung über ein Waldarsenal, das von unseren Gedanken und Erinnerungen hierhin und dorthin gedacht, getragen und betrachtet wird. Doch unser Gemüt bleibt gefestigt, kein inneres Einbrechen oder Wegknicken, wie es uns bestimmt vor dem Heimaufenthalt befallen und gefährdet hätte. Inmitten dieses deprimierenden Moders sind wir erfreut, uns gestärkt und stabilisiert zu sehen. Noch vor kurzem hätte uns der Morast der Waldwelt unsere eigene Vergänglichkeit und Depression bildhaft vor Augen geführt und uns wie faules Pilzfleisch in tausend Stücke zerschlagen.

90 Im Wald sind Wölfe

Wir bewegen uns viel beherzter als früher, nicht mehr so schleichend und schlurfend. Wir ziehen uns als Gruppierung auch nicht mehr endlos auseinander, sondern bleiben kompakter zusammen. In schön geschlossener Formation gelangen wir immer tiefer in den Wald hinein und freuen uns, dass es Frühling ist. Wir bemerken kleine Blätter aus dem Baumholz des Waldes wachsen, durch das graue Laub des Vorjahrs spriessen Gräser, und Vogelstimmen rufen sich gegenseitig zu.

Nach einiger Zeit befällt uns angenehme Müdigkeit. Wir haben das Gefühl, bereits weit gekommen zu sein. Stolz, dass wir uns trennen konnten vom Heim, dass wir es aus eigener Kraft bis hierhin geschafft haben, bis in eine uns völlig fremde Umgebung, sinken wir nieder, ruhen uns aus, einige beginnen, im weichen Moos zu schlafen.

Plötzlich verdunkelt sich das Licht, uns wird pelzig vor Augen. Aus der feuchten Waldluft tauchen – so scheint uns – riesenhafte Wölfe auf. Mit fletschenden Zähnen starren uns Tiere an. Wir erschrecken tief in unserem Inneren, wissen nicht, ob wir träumen oder ob das, was wir sehen müssen, die wirkliche Welt ist. Wölfe oder Wolfähnliche haben wir nicht vermutet. Der Wald dreht sich, Vogelstimmen schreien, fremde Tiere sperren fürchterliche Rachen auf, und immer neue, grässliche Mäuler kommen hinzu. Wir greifen nach Stöcken, wollen uns von den Wölfen nicht fressen lassen, möchten nicht als billiger Frass enden nach dem, was wir die letzten Jahre durchgemacht haben. Von Adrenalin aufgepeitschtes Blut pulst uns als pure Energie durch alle Körperfasern. Wir sind hellwach und wollen nicht wie Beutetiere gerissen werden.

Aber die Wölfe schnappen zu, Schmerzen schiessen uns durch Kopf und Arme. Im Gewühl geraten wir mit Unsrigen und wilden Tieren aus dem Gleichgewicht, stürzen und rappeln uns wieder auf. Wer liegen bleibt, hat verloren, dem springen sie an die Gurgel. Gier facht sie an, Wut elektrisiert uns, ein Schlagen und Schnappen, Knochen krachen, Schreie und Gewinsel, wir haben den Überblick verloren.

Dann bemerken wir entsetzt einen angefressenen Arm, der an uns herabhängt. Da haben sich Tiere Fleisch herausgerissen, doch seltsam schmerzlos ist das zerfetzte Gewebe anzusehen. Es lässt sich nicht so ohne weiteres ersetzen. Ohne das Fleisch kann sich der Arm nicht mehr von selbst bewegen. Da kann auch das Gehirn mit seinen Befehlen nicht helfen.

Nach unmessbar verstrichener Zeit scheint uns, als seien die Tiere abgezogen. Wir lauschen in den Wald hinein, in die mondhelle Nacht, sammeln uns, finden einige von uns an Baumstämme gelehnt, andere liegen verdreht und zerfressen am Boden. Der Mond zeigt uns ein Schlachtfeld, der Boden ist aufgewühlt. Wir schauen in die gestorbenen Augen der Unsrigen und einiger liegengebliebener Wölfe, gehen von einem zum anderen, suchen das Gebiet ab. Uns schauen erstaunte Augen an, denen nur der Mond antwortet.

Nach und nach regen sich Überlebende, kommen von hier und dort, sammeln sich. Wir lehnen an Baumstämmen und schweigen. Uns befällt erst jetzt wahres Entsetzen. Wir finden keine Erklärungen. Erst allmählich gelangen wir zur Gewissheit, dass die Bilanz des Gemetzels tatsächlich der Wirklichkeit entspricht. Wir versuchen, die Verzweiflung daran zu hindern, uns zu befallen und zu zerstören. Wir gehen erneut zu denen, die am Boden liegen und schauen ihnen nochmals in die Augen. Wir glauben nicht, was wir sehen. Dem Mond glauben wir auch nicht, aber einige haben diesen Angriff nicht überlebt.

91 Am Tag nach Wolf

Ein anderer Tag ist da. Er sagt uns, dass der Überfall der Wölfe tatsächlich stattgefunden hat und nicht mehr rückgängig zu machen ist. Uns hängt immer noch der Arm herab, andere sind schlimmer dran, wieder andere mussten wir mit Reisig zudecken und zurücklassen. Wir können die Toten nicht mit uns herumtragen. Wir hätten sie noch ein kleines Stück auf unserem Weg mitnehmen können, aber das hätte weder ihnen noch uns etwas genutzt. Wir hätten uns vielleicht bei ihnen angesteckt und wären an Infektionen gestorben. Das hätten sie sicher nicht gewollt.

Warum haben ausgerechnet wir den Angriff der Wölfe überstanden? Es hätte genauso gut uns treffen können. Wieder hat es uns nicht erwischt, obwohl es mittlerweile so viele Gelegenheiten dazu gab. Wir sind immer noch nicht tot. Wir hätten längst tot sein können und eigentlich tot sein müssen. Die Gelegenheiten kommen und gehen. Hinterher sitzen wir immer mit einem Elend zusammen und wundern uns, dass uns eine Gelegenheit wieder nicht erwischte. Warum trifft es immer die anderen? Und warum müssen Leute wie wir ewig weiterleben? Wir bekommen davon eine mittlere Depression. Seit langer Zeit hatten wir uns nicht mehr so kräftig gefühlt. Vielleicht haben das die Wölfe gemerkt, vielleicht wollten sie uns gezielt mit einem angefressenen Arm in der Welt herumirren lassen, um unsere neue Lebenskraft zu brechen.

Wir verdrängen das Thema, wandern weiter und beobachten ganz genau alle Winkel des Waldes. Natürlich haben wir Angst vor weiteren Begegnungen, aber wir können jetzt nicht mit den anderen darüber sprechen, weil wir das Thema verdrängen müssen, sonst bekommen wir unsere Angst nicht in den Griff. Wir können auch nicht einfach aus dem Wald herausgehen, weil er viel zu gross ist und wir die Gegend nicht kennen. Wir haben uns verlaufen. Die Furcht sitzt uns im Genick und wandert fortan mit uns mit. Das haben wir nicht gern. Wir würden die Furcht lieber absetzen und laufen lassen. Es kommen auch Schuldgefühle dazu. Wir würden am liebsten Furcht, Schuld und Wald gegen eine friedliche Stadt eintauschen.

Wieder kommt und geht ein Tag und noch einmal einer. Auf die Regelmässigkeit der Tage kann man sich noch verlassen. Mit den Tagen ändert sich allmählich auch der Zustand unseres Innenlebens. Das wissen wir aus Erfahrung. Wenn ein Tag schlecht war, wird ein guter Tag folgen, vielleicht nicht gleich am nächsten Tag, aber irgendwann einmal. Wir müssen uns innerlich von den Wölfen entfernen und auf den guten Tag hoffen.

Leider tragen wir immer noch die Bilder der Untiere mit uns herum, und der Arm baumelt an uns herab.

Wir setzen uns auf eine grosse Moosfläche und besprechen, ob wir ins Heim zurückkehren sollen. Aber niemand weiss mehr den Weg dorthin. Wir müssen also ohne das Heim weitermachen. Kein Heim hilft uns hier draussen, nicht einmal ein Gedanke daran ist nützlich, im Gegenteil. Wir tarnen uns mit dem Moos, so gut es geht, um von weiteren Wölfen nicht bemerkt zu werden. Warum haben wir uns die Identität der Toten nicht notiert? Es kann nicht mehr lange gut gehen mit uns. Wer so herumläuft wie wir mit Moos auf dem Kopf, wird von der nächsten Gelegenheit erwischt werden. So geht unser Gefühl mit uns um: Es lässt uns wie einen alten Sack liegen. Das ist vom Gefühl nicht recht. Unser Gehirn sagt aber, dass wir uns nicht kleinkriegen lassen und uns jetzt erst recht zusammennehmen sollen. Es ist schön, dass man in solchen Situationen noch ein Gehirn hat, das denkt, und ein Moos, das einen tarnt und vor unliebsamen Begegnungen schützt.

92 Schmetterlinge als Pferde

Über Nacht hat sich der Wald mit Blumen verziert, es weht eine milde Luft, und Schmetterlinge schwärmen aus. Unser Arm hängt immer noch herab, zeigt aber bereits wieder etwas Leben. Auch die anderen sind noch nicht geheilt. Einige kennen sich mit Kräutern aus und behandeln uns. Wir danken und nicken mit den Köpfen. Was für ein Glück, Heilkundige unter uns zu wissen. Auch Pilzkraft soll uns stärken. Bunte Pilze werden gesammelt und von den Kundigen zubereitet. Manch wundersames Kraut pflücken sie, mischen und rühren mit wippenden Köpfen und schlenkernden Gliedmassen. Wir wissen nicht, ob sie auch verletzt sind oder ob ihre Bewegungen zur Zubereitung gehören. Die Heilkundigen sind mit gestrickter Wolle bekleidet und tragen weiche Mützen.

So ein Kräuter-Cocktail zeigt seltsame Wirkungen. Wir vergessen bald die Schmerzen unseres Armes und fangen wie die Heilkundigen mit allem, was an uns hängt, zu schlenkern an. Auch die anderen schlenkern mit. Ein gemeinschaftliches, rhythmisches Wippen entsteht. Wir hampeln schmerzfrei durch den Tag und bemerken ein euphorisches Glücksgefühl in uns aufsteigen. Zwar tauchen in den inneren Bildern die Wölfe wieder auf, doch haben auch sie vom Cocktail gekostet und tanzen.

Einige Wölfe haben sogar Strickkleider an, Ohrenklappen aus Wolle und spezielle Bemäntelungen der Schwänze, die noch viel wilder schlenkern.

Wir sitzen riesigen Schmetterlingen im Gefieder und fliegen in den Himmel. Neben uns schweben schmatzende Käfer. Die Waldbäume sind aus Glas geblasen und leuchten. Es ist schön in der warmen Luft. Und angenehm ist es zu schweben, viel gemütlicher jedenfalls, als mühsam zu Fuss zu gehen. Wir wollen nicht absteigen und flüstern den Schmetterlingen zu, dass sie nicht mehr landen sollen. Wir sind der Treibstoff der Pilze, sagen sie, aber unser Gehirn kann nicht mehr denken. Wir nicken mit freundlichen Gesichtern. Ja, ja, meinen die Schmetterlinge, wir können euch an Orte fliegen, wo alle Schmerzen getilgt werden. Wenn ihr Glück habt, werdet ihr nie mehr Schmerzen haben, nicht im Arm und nicht im Herzen.

Leider können wir wegen der anhaltenden Wirkung des Cocktails nicht darüber nachdenken oder uns besprechen. Wir nicken, wippen mit den Köpfen und machen für alle Fälle ein noch freundlicheres Gesicht. Ob das die Schmetterlinge durchschauen? Sie verstehen, was wir meinen. Aller Unsinn der Welt treibt wie Satellitenmüll um uns herum, bunt bemalt und tanzend leicht. Davon haben wir vorher nichts gewusst. Wir nicken noch heftiger, lachen noch lautloser. Wo ist der Unterschied zwischen dem fliegenden Unsinn und uns? Auch kleine Tannen sind dabei oder Hasen. Und sogar ein Murmeltier sehen wir, obwohl es in dieser Gegend nie im Leben Murmeltiere gibt.

Heller Stern, Himmel im Holunder, Saum ohne Vorhang und Perlmutter mit Gehirn. Schön ist das linde Schweben am lichten Tag, der aufgetafelt hat mit Gold und Silber, mit blitzenden Mündern und wunderbaren Türmen aus Kristall, die aus der Walddecke herauswachsen. Die Wölfe sind aus weissem Porzellan. Schade, dass mancher ungeschickt mit unseren Pferden kollidiert, dabei zerbricht und in tausend Splittern zur Erde fallen muss. Schade, aber nicht so schlimm, weil andere Wölfe auch noch da sind und vielleicht aus den Scherben sich wieder neu zusammenkleben, was uns nicht wundern würde, weil wir plötzlich auch ein Gefühl bekommen, uns zu erneuern. Aus welchen Substanzen bestehen wir? Wer weiss, ob das noch richtiges Fleisch ist, was wir an uns haben, wenn Wölfe aus Porzellan durch die Lüfte fliegen. Hier oben braucht es kein Fleisch, wir fliegen in fleischlosen Zonen, preisen die Schmetterlinge und atmen Perlen aus. Mit waghalsigen Flugmanövern fangen wir kleine Insekten, schlucken sie und sehen, wie sie durch unsere gläsernen Körper hindurchrutschen. Jetzt erst merken wir, dass wir selbst fliegen können und die Schmetterlinge uns nur noch als Begleitschutz eskortieren. Doch es ist beruhigend, ein paar Schmetterlinge als stabile Pferde für alle Fälle in der Nähe zu haben.

Seltsam, aber die Schmetterlinge verpuppen sich und werden bald darauf zu grünen Lindwürmern mit goldenen Augen. Zum Glück sind sie noch freundlich zu uns, vielleicht, weil sie uns von früher kennen und wissen, dass wir nicht gut schmecken. Aber das hätte auch anders enden können.

93 Schmerzfrei geht nicht

Violettes Licht zieht auf, der vormals durchlässige Himmel wird zu festem Metall. Die Wölfe sind zu kleinen Wolken verschmolzen. Gut für uns, schön für sie. Unter uns hat der Wald immer noch nicht aufgehört. Die Lindwürmer senken ihre Flughöhe, und damit sinken auch wir, da wir mittlerweile wie ein Kometenschweif hinter ihnen her treiben. Jetzt wird es ernst, die Lindwürmer streifen schon die höchsten Tannen. Wir möchten noch nicht hinunter, rufen wir ihnen zu. Wenn sie will, werdet ihr wieder gesund werden und für immer schmerzfrei, die Landung könnte lohnen, hören wir als Antwort.

Die Lichtung ist zum Glück mit Moos gepolstert. Nur einige Heidelbeerbüsche peitschen uns um die Ohren, als wir auf dem Waldboden aufschlagen, von ein paar Unebenheiten hochgeworfen, bevor wir ungeschickt ausrollen. Dann müssen wir erst einmal unser Gleichgewichtsorgan neu justieren. Dort, an diesem Häuschen, klopfen, flüstern die Lindwürmer und rollen die Augen. Wir bleiben draussen und holen euch raus, wenn es gefährlich wird. Da sollen wir hinein? In dieses stinkende Häuschen, das gelben Qualm aus seinem Kamin drückt, das sich schilfgedeckt beinahe unsichtbar mit dem Wald verwoben hat? Rötliches Licht flackert hinter einem Fenster. Es ist uns unbehaglich.

Wir klopfen. Nichts rührt sich. Wir warten erst einmal ab, wollen niemanden verärgern. Noch einmal geklopft. Wir können unsere verbliebene Handkraft motorisch nur ungenügend steuern, der richtige Anklopfdruck ist nicht mehr vorhanden. Jetzt war es bestimmt zu laut, aber es ist schon zu spät. Die Tür öffnet sich, und glühendes Licht blendet uns.

Was wollt ihr, fragt eine knochentrockene Stimme. Leider fällt uns nicht mehr ein, was wir wollen sollten in diesem Haus. Wer seid ihr? Wir wissen nicht, wer wir sind. Gut gesprochen, lacht die Knarrstimme. Weiss ich denn, wer ich bin? Eben, das ist es ja. Wir sind mit Lindwürmern geflogen. Das bin ich auch einmal, das fängt immer mit Schmetterlingen an, geht mit Lindwürmern weiter und hört irgendwann mit einem schlimmen Landregen auf. Dann weiss man nicht mehr, wo das hinführt und was aus einem werden soll. Wir wären gerne schmerzfrei, hier könne man gesund und für immer schmerzfrei werden, haben sie uns gesagt. Niemand ist schmerzfrei.

Wir bemerken allmählich, dass uns eine alte Frau mit langen Fingern und einem karierten Kopftuch gegenübersteht. Offenes Feuer lodert im Kamin, darüber kocht Suppe in einem schweren Kessel, wirft Blasen. Die Lindwürmer beobachten uns durch die schmutzigen Scheiben. Wir sehen deutlich ihre glühenden Augen. Wem sollen wir trauen? Hinter uns fällt krachend die Tür ins Schloss. Nun kann die Frau mit uns machen, was sie will, wir wissen nicht, wie wir uns gegen sie wehren sollen. Vielleicht weiss sie, dass wir nicht mehr denken können.

Was sie mit uns machen solle, fragt sie. Nichts. Sie müsse gar nichts mit uns machen. Jemand habe uns gesagt, dass man bei ihr schmerzfrei werden könne; wegen unserer von den Wölfen zerfressenen Körperteile, vom Herzen wollen wir nicht sprechen. Nein, vom Herzen könne man nicht sprechen. Und das andere habe sich nun auch erledigt.

Sie rührt mit einem grossen Löffel im Kessel mit der Suppe und poltert plötzlich mit dem Kopf gegen die Wand, die an dieser Stelle schon ganz abgeschabt ist. Das lässt auf eine absichtliche Handlung schliessen. Uns scheint, die Alte ist nicht mehr ganz zurechnungsfähig. Was machen wir bloss? In den Augen der anderen flackert helle Angst. Sie nicken mit den Köpfen. Die Alte donnert schon wieder gegen die Wand. Die Unsrigen nicken aufgeschreckt noch heftiger. Die Alte poltert, und wir können nichts anderes als nicken und durch das Nicken unsere Köpfe so furchtbar schütteln, dass uns fast schlecht wird. Je mehr sie poltert, desto heftiger müssen wir nicken. Das ist keine gute Situation. Wir kommen aus dem Nicken und Schütteln nicht mehr heraus. Unsere Körper müssen sich mit den Köpfen mitschütteln, während sich die Alte rauschartig einpoltert und durch ihr Kopftuch allmählich hindurchblutet.

Da brechen die Lindwürmer durch die Tür, packen uns am Schopf und schleifen uns rückwärts aus dem Haus hinaus ins Freie. Wir liegen im Moos, uns beben die Herzen, wir starren in den Nachthimmel, können nur nach oben in den Mond blicken, während die Alte alle Wölfe des Waldes gerufen hat und mit ihnen gemeinsam gegen die Wände des Hauses poltert.

Es blitzt und donnert, kurz darauf stürzt ein Landregen auf uns herab. Wir drehen uns auf den Bauch, schützen mit den Armen unsere Köpfe, die nicht mehr nicken müssen, die jetzt ganz ruhig ins nasse Moos ausatmen können. Dafür poltert hinter uns immer noch die Alte mit den Wölfen, was die Wände aushalten. Es endet mit einem Landregen, und wir wissen nicht, wie es weitergeht und was aus uns werden soll.

94 Immer schneller sind wir dumm

Jemand von uns meint, wir seien zu früh aus dem Heim aufgebrochen, Wald und Wölfen noch nicht gewachsen. Wie lange hätten wir im Heim noch ausharren sollen? Und wie merkt man, ob man es mit einem Wald aufnehmen kann? Niemand will länger als unbedingt nötig in einem solchen Heim zubringen, weil das Heim nicht die Welt ist. Das haben alle von uns irgendwann einmal gemerkt. Wir sind lieber in der Welt, auch wenn sie es nicht gut mit uns meint und uns vor allem während der letzten Jahre schlecht behandelt hat.

Das Leben ist immer ein Verlust. Die Wölfe hätten genauso gut uns fressen, die alte Frau hätte uns in ihrer Suppe ertränken und kochen können. Niemand hätte daran etwas geändert, niemand jemals davon überhaupt erfahren. Es muss etwas in uns leben, das unsere fortschreitenden Fehlleistungen auslöst. Vielleicht fehlt es uns an der notwendigen Klugheit. Wenn wir nur etwas gescheiter wären, würden wir vielleicht nicht so viele Dummheiten machen. Wer gescheit ist, hat mehr vom Leben. Wer ein intelligentes Gehirn hat, muss nicht auf die Widrigkeiten des Lebens hereinfallen, so wie wir.

Leider können wir nicht anders. Entweder man ist gescheit, oder eben nicht. Wir sind es nicht. Klugheit kann man nicht kaufen. Vereinzelt auftretende Dummheiten sind nicht so schlimm. Unser Problem ist nur, dass sie in immer kürzeren Abständen folgen. Kaum ist eine ausgestanden, kommt schon die nächste. Wir können uns innerlich gar nicht mehr darauf vorbereiten. Was wir auch tun, wie wir uns auch verhalten, Dummheiten und Fehlleistungen schwirren wie Motten um uns herum. Sie lassen uns nicht in Ruhe, noch nicht einmal in einem unermesslich grossen Wald. Sie finden uns auch hier, obwohl es ausser dem Wald in diesem Wald nichts gibt, keine Spuren der Zivilisation, die uns überfordern könnten. Wie muss das sein, wenn wir eines Tages den Wald wieder verlassen, da wir noch nicht einmal mit diesem Wald fertig werden?

Wir beobachten von leicht erhöhter Position, wie wir uns im Gänsemarsch durch den Wald bewegen. Warum im Gänsemarsch? Das hat viele Nachteile. Unser Haufen zieht sich endlos auseinander, so dass wir noch mehr die Kontrolle über uns verlieren. Ausserdem sind wir viel anfälliger für plötzlichen Raubtierbefall. Allerdings sieht es in der Nacht schön aus, so eine lange Kette aus Laternen und Fackeln, und wir können auch relativ dichten Bewuchs durchdringen. Wir wollen in die hintersten Winkel des Waldes steigen und sind durch unser Verhalten selbst zu einem Wildtier geworden. Für uns alle, und für die, die uns eventuell sehen können, ein geheimnisvoller Anblick, der einen besonderen Wert für eine geheimnisarme Welt haben muss. Das könnte der Grund unserer perlenkettenartigen Formation sein. Wir sind schon immer für das Geheimnis gewesen, auch wenn es gar keinen Sinn ergibt. Dann erst recht, aus Trotz und Ungehorsam gegenüber der Vernunft, aus purem Mutwillen.

Es war ein verlockender Gedanke, das Heim zu verlassen, nichts weiter. In diesem Gedanken haben wir eine Schönheit entdeckt, weshalb wir glücklich waren und uns gut fühlten. Eine Schönheit kommt nicht jeden Tag bei uns vorbei. Nur wenn wir lang genug warten, kommt vielleicht einmal wieder eine. Wir müssen aufpassen, dass wir die Schönheit überhaupt erkennen, sonst ist sie schnell wieder weg. Alles andere wäre sinnloses Stochern im Hier und Da.

Wir laufen als alte, sinnlose Kette im Wald herum. Der Wald hat nicht viel davon, und sonst ist auch niemand da. Nur vorhin die Alte, aber die ist nicht mehr ganz gescheit. Wir sind nur lernbehindert, das ist etwas anderes. Wir würden nie mit dem Kopf gegen eine Wand poltern, oder vielleicht doch? Vielleicht würden wir gemeinschaftlich poltern, aber sicher nicht allein. Wir sind immer mehrere, auch wenn immer wieder welche von uns wegsterben. Es wachsen neue nach. Die gehören zu uns, obwohl wir sie gar nicht mehr kennen.

Wir würden gern einmal auf die anderen verzichten. Wir haben noch nie in unserem Leben etwas wirklich ganz allein gemacht. Immer sind die anderen auch dabei. Warum? Es ergibt sich so. Es sind immer welche von uns um uns herum, mal mehr, mal weniger. Vielleicht weil wir die Welt allein gar nicht aushalten könnten. Wir haben es allerdings auch noch nie probiert. Uns wird unwohl bei der Vorstellung, die Welt ganz allein auf uns laden zu müssen. Ganz allein, ohne dass noch jemand dabei ist. Wir wissen nicht, wie das gehen soll, wie man das anpacken müsste. Furchtbare Vorstellung, mutterseelenallein in der Welt herumzulaufen, wo dieser Wald nur ein winziger Teil davon ist. Gleichzeitig leiden wir unter der Zunahme von lächerlichen Dummheiten. Wenn viele von uns zusammenkommen, nehmen auch die Dummheiten zu. Wir haben den Eindruck, dass sie nicht wie die Schönheit von aussen auf uns einwirken, sondern als Teil unserer selbst tief in uns stecken und daher zwangsläufig mit uns auf der ganzen Welt herumlaufen, wohin wir auch immer gehen. Das Dumme kommt von innen, es steckt tief in uns.

In der Nacht erkennen wir auf einem Berg eine Burg. Wir laufen einen Weg durch den Wald auf den Berg hinauf, weil wir in die Burg wollen. Zwar brennt Licht, aber niemand lässt uns hinein. Wir klopfen noch einmal am Tor. Wir wollen in die Burg, aber die Burg will uns nicht.

Einige packen Musikinstrumente aus und fangen an, hinauf zu den Zinnen zu singen. Sie halten inne und lauschen. Aber die Burg rührt sich nicht, sie will uns weder sehen noch hören. Wir finden das arrogant und herablassend. Unsere Musikanten haben schön gesungen. Man hätte sie wenigstens einmal aus der Ferne anhören können. Sie lauschen noch einmal, packen dann aber traurig ihre Instrumente wieder ein und verstummen. Dabei haben wir für schöne Bilder vor dem Tor gesorgt: heldenhaft sich nächtens zu Zinnen emporreckende Sängerinnen und Sänger, vielarmig in die Höhe deutend, Fackellicht, Lampenschein und knorrige Eichen im Hintergrund, wie gemalt und in einen goldenen Rahmen gestellt. Alles umsonst. Es hat nichts genützt.

Wer wohnt wohl in der Burg, und warum hört uns niemand an? Wir wollen gar kein Geld, nur eine Bettstatt für die Nacht und einen heissen Brei. Wir sind Kummer und karge Kost gewohnt, haben keine grossen Ansprüche. Vielleicht, wenn es uns gefällt, würden wir ein wenig bleiben. Auf der Burg muss es schön sein. Ein Leben dort könnte uns gefallen. Wir würden unseren Musikanten beim Musizieren geduldig zuhören und die andere Zeit zum Burgfenster auf die Welt hinausschauen. Man hat sicher einen schönen Ausblick von dort oben, kann in die Ferne schauen oder auf die nähere Umgebung. Wenn das Wetter für eine Aussicht nicht gut ist, würden wir uns auf der Bettstatt zu innerer Ruhe legen. Die Tatkräftigen unter uns, die noch Energie haben, könnten zum Beispiel dem Bäcker beim Backen helfen. Das ist eine genauso sinnvolle Arbeit wie das Singen. Wer singt, macht die Welt schöner, wer backt, stillt den Hunger.

Wer weder singen noch backen kann, muss sich in seiner Kammer ausruhen. Wir sind gar nicht mehr gewohnt, richtig zu ruhen. Auf das innere Ausruhen muss man sich vorbereiten. Das Ruhen ist keine Selbstverständlichkeit, sondern ein Glück, wenn es einen während des Ruhens auf angenehm schläfrige Art aus der Welt trägt mit der Aussicht, voll neuer Kraft wieder in sie zurückzukehren. Dann ruht sich richtig. Wir ruhen gern. Aber es muss warm und weich, ruhig und trocken sein. Dann wird das Ruhen zu einem höchst angenehmen Lebenszustand, den man nicht so schnell wieder aufgeben möchte. Wer zu hart oder zu nass ruht, ruht nicht lang. Wer zu kalt ruht, verliert bald die Freude daran. Das richtige Ruhen will während des Ruhens als Wert bedacht werden. Wer nur gedankenlos vor sich hin ruht, verschenkt die Schönheit des Ruhens. Richtig Ausgeruhte sehen die Welt nach dem Ruhen anders. Dann haben alle etwas davon, die Ruhenden und die Welt. So haben sie uns das einmal erzählt, und wir haben es behalten.

96 Eine Höhle spart Kraft

Mit der Burg wurde es nichts, und mit der Ruhe folglich auch nicht. Für die Ruhe wäre die Burg hilfreich gewesen. Lange haben die Musikanten gespielt und gesungen. Es hat nichts genützt. Die Burg auf dem Berg liess sich nicht erweichen. Wir haben niemanden von der Burgbelegschaft zu Gesicht bekommen. Es ist kein schönes Gefühl, nach einer beifalls- und publikumslosen Vorstellung das Instrument still und heimlich wieder einpacken zu müssen. Wir haben natürlich geklatscht, aber das ist nicht dasselbe. Nun gehen wir in einem schweigenden Gänsemarsch denselben Weg vom Berg wieder herunter, den wir vor kurzem hoffnungsvoll, Brei und Ruhe suchend, nach oben gestiegen sind.

Man kann nicht einfach ein schönes Leben verlangen. Das wollen alle haben, ein angenehmes Leben auf einer grossen, alten Burg mit einer bezaubernden Aussicht, gutem Essen und Ruhe während des Tages. Ein bisschen singen, so lang man mag, und den Rest des Tages ausruhen oder zum Fenster hinaussehen auf die Welt. Wäre uns die Burg nicht im Wald begegnet, wären wir nie auf die Idee gekommen, in eine Burg zu wollen, um dort ein schönes Leben zu beginnen. Der Wald ist schuld, weil er diese Burg uns zeigte.

Am anderen Morgen setzen wir unsere Wanderung fort und geben uns Mühe, die Versuchungen der Welt so gut es geht zu vergessen. Waldige Gerüche und knackende Geräusche unsichtbarer Tiere helfen uns dabei. Wir gelangen in eine malerische Schlucht, in die Sonnenstrahlen fallen und nasse Blätter aufblitzen. Es wachsen farbige Pilze, die wir noch nie gesehen haben. Insekten stehen surrend in der Luft, Vögel rufen sich mit manchmal hellen, manchmal dunklen Stimmen etwas zu. Im Bach flitzen kleine Fische von Stein zu Stein. Wir folgen einem schmalen Pfad, bedrängt von rund geschliffenen Felsen links und rechts. Eine grosse Waldbaumkrone wölbt sich licht wie ein zweiter Himmel über die Schlucht.

In einer Felswand entdecken wir ein schwarzes Loch, das uns magisch anzieht. Neugierig und furchtsam zugleich erklimmen wir den Hang und betreten auf halber Höhe scheu die Höhle. Der steinige Grund am Höhleneingang ist trocken, so lassen wir uns müde nieder und schauen in die grüne Waldwelt.

Zwar verlässt uns auch hier die Angst vor wilden Tieren nicht – es könnten welche aus einem verborgenen Winkel des Waldes oder aus dem Inneren der Höhle kommen –, doch fühlen wir uns an einem guten Ort, um zu ruhen und um nach der Ruhe über den Wald und die Schlucht nachzudenken. Die Höhlenöffnung zeigt uns einen kleinen, gut beherrschbaren Ausschnitt der Welt, der immer vielfältiger wird, je länger wir nach draussen schauen.

Dort ist die Bühne, hier sitzen wir im Zuschauerraum. Keine spektakulären Vorstellungen: Einmal fliegt ein Vogel durchs Bild, dann segelt ein Blatt herab, und nach einiger Zeit beleuchtet die Sonne andere Farne. Je länger wir schauen, desto mehr sehen wir, obwohl eigentlich gar nichts geschieht. Wir können den Wald auf diese Weise geschehen lassen, ohne dass es uns grosse Anstrengungen kostet. Er kann tun und lassen, was er will, wir ruhen und schauen. Eine Höhle ist kraftsparend, und wir bleiben trocken, auch wenn es einmal regnen sollte.

97 Jeder ist sein Wild

Wenn wir einmal jemanden durch den Wald tappen sehen, sind es Leute von uns. Es kommt vor, dass uns plötzlich jemand quer über den Weg läuft und wieder im Dunkel des Waldes verschwindet: einer von uns. Vielleicht jemand, der sich lossagte, der vor einiger Zeit seine Abspaltung von uns sorgfältig vorbereitete und sich dann in einem günstigen Moment davonmachen konnte, sich zu einer ganz anderen Person entwickelte und jetzt frei, wie er will, im Wald herumläuft. Jeder kann frei im Wald herumlaufen, wie er will. Jeder ist sein eigenes Wild. Kein Wild hinterlässt einen Zettel, um sich abzumelden. Vielleicht sind einige zettellos verschwunden, weil sie das Wesen des Wildes angenommen haben. Es muss ein schönes Gefühl sein, sorgenfrei als Wild im Wald zu leben.

Sind wir mittlerweile selbst zum Wild geworden und haben es nicht gemerkt? Vielleicht ist genau dies das Unberechenbare am Wild, dass jeder irgendwann zum Wild wird und es gar nicht merkt. Wenn das Wild in mehreren Exemplaren den Wald begeht, bilden sich Wildwechsel. Wir sind im Wald immer im Gänsemarsch gelaufen und haben daher wesentlich zur Ausprägung von Wildwechseln beigetragen. Das Wild will gar nicht wild sein, sondern ist es von Natur aus. Wir wollen nicht unbedingt ein Wild sein und sind es trotzdem, ohne es bemerkt zu haben. Wo ist der Unterschied?

Es ist schade für das Wild, wenn es von uns verwässert wird. Rein äusserlich stellen wir immer noch einen deutlichen Unterschied zwischen uns und dem Wild fest. Den kann jeder sehen, wir auch. Ein verwässertes Wild ist von den Jägern nicht so einfach zu erkennen und zu erlegen. Der Jäger hat lieber ein richtiges, ein konzentriertes Wild, nicht so ein Pseudowild wie uns. Wir sind kein guter Braten, denken wir. Vielleicht sehen das die Jäger anders. Möglich, dass sie uns sogar zu einem wohlschmeckenden Ragout zubereiten könnten. Wir haben uns noch nie probiert, also können wir nicht sagen, ob wir schmecken. Eventuell können das die Jäger beurteilen. Man muss die Jäger fragen, nicht uns. Wenn es eines Tages kein Wild mehr geben wird, werden wahrscheinlich wir gejagt werden. Irgendetwas müssen die Jäger jagen.

Die Jäger müssten sich ebenfalls im Wald befinden, auch wenn wir sie bisher noch nicht gesehen haben. Vielleicht beobachten sie uns die ganze Zeit. Die Assimilierungstendenzen der letzten Jahre lassen uns befürchten, dass die Jäger sogar unter uns sein könnten. Jeden Augenblick könnte ein lebensgefährliches Halali losgehen. Vielleicht warten sie nur, bis die Gelegenheit günstig ist und sie möglichst viele von uns auf einen Streich erlegen können.

Wir wollen weder einen Braten essen noch zu einem Braten geschossen werden. Wir sind mit viel weniger schon zufrieden. Es ist nicht beruhigend, in ständiger Gefahr im Wald herumzulaufen, wo urplötzlich der Abschuss erfolgen könnte. Da ist es vorteilhafter, sich in einer grossen Stadt zu verteilen, weil es dort weniger Jäger gibt. Und wenn es welche hat, dann fahren sie zur Jagd in den Wald. Warum fahren wir deshalb nicht in die Stadt, in eine uferlos grosse Stadt?

Ausserdem langweilt uns der Wald, der sich mit seinem fortwährenden Baumhimmel wiederholt. Das ist immer derselbe Anblick. Die Höhlentherapie hat nicht lange gehalten. Wir haben Wölfe überstanden, auf eine Burg gewollt und sind vor einer Höhle gesessen. Wir haben dabei ein inneres und äusseres Bild vom Wald gewonnen, das uns bestimmt lange im Gedächtnis bleiben wird. Deshalb können wir jetzt mit gutem Gewissen den Wald wieder verlassen. Wir haben alles getan, um den Wald zu begreifen und unseren Abschuss zu verhindern.

98 Wie die Weide überwinden?

Zwischen den Bäumen wird es heller. Wir gelangen ohne Beschuss heil aus dem Wald wieder heraus. Dann geht es ganz schnell, und wir befinden uns am Rande einer Weide. Mit einer Weide können wir nicht viel anfangen. Einige setzen zum Melken an und zapfen sich einen Becher Milch. Wir können nicht melken und müssen daher auf dieses Labsal verzichten.

Wir möchten die Weide überwinden. Sie ist riesengross und nimmt uns den Mut, denn es ist uns leider nicht viel Mut geblieben. Der Wald hat uns zwar den Leib gelassen, aber den Mut gefressen. Schon eine ganz normale Weide bereitet uns jetzt Schwierigkeiten. Vielleicht sind wir durch die Wanderungen in den Wäldern die freie Übersichtlichkeit der Weiden nicht mehr gewohnt. Es könnte sein, dass uns die schiere Weite schreckt und auch ihre Helligkeit. Eine Weide ist viel heller als ein Wald. An die Helligkeit müssen wir uns erst wieder gewöhnen. Über der Weide fliegen andere Vögel als im Wald. Wir sehen grosse, kreisende Vögel, aber wir wissen nicht, was sie vorhaben. Vielleicht haben sie nur auf uns gewartet. Auch könnte auf der Weide infolge fehlender Deckung ein Abschuss vom Waldrand her erfolgen.

Wir fühlen uns auf der Weide ausgestellt. Jeder könnte uns ohne Schwierigkeiten sehen, schon von weitem, ohne sich besonders anzustrengen. Das haben wir im Wald nicht erlebt. Vielleicht hat auch einmal jemand gekuckt, aber wir waren nicht so ausgestellt wie jetzt auf der Weide. Den Kühen ist das egal, uns nicht. Wir sind keine Kuh. Die Kühe passen gut auf eine Weide, wir nicht.

Wir merken, dass der Wald auch Vorteile hatte, wollen aber trotzdem nicht zurück. Es ist nicht gut, wenn man dorthin zurückgeht, wo man herkommt. Wir sind nie dorthin zurückgekehrt, wo wir einmal herkamen. Wir würden uns automatisch mit früher vergleichen und wieder in dieselbe Rolle fallen, als hätte es all die mühsamen Jahre dazwischen nicht gegeben. Dieser Rückfall bekäme uns schlecht. Er tut niemandem gut. Wir würden bestimmt eine Depression oder eine andere Seelenbelastung bekommen.

Also müssen wir mit der Weide irgendwie fertig werden. An den Kühen können wir uns kein Beispiel nehmen, weil sie sich längst auf die Weide eingestellt haben und gar nicht mehr wissen, wie es ist, wenn man nach einem längeren Aufenthalt im Wald auf eine offene Weide trifft. Das kann sich kein Vieh vorstellen. Kein Vieh muss sich eine Vorstellung von irgendetwas bilden. Leider müssen wir uns ständig Gedanken machen, damit wir wissen, wer wir sind und wie es mit uns weitergehen soll. Wenn man nicht weiss, wie es mit einem weitergeht, ist das schlecht für die Zukunft. Manchmal wären wir lieber Vieh auf der Weide, dann müssten wir nicht so viel denken, und alles wäre nicht so anstrengend.

IX Stadt ohne Ufer

99 Ohne Licht im Bus

Wir stehen am Hafen und suchen den Bus. Viele Busse sammeln sich hier, stauen sich zu einem Labyrinth alter, gigantischer Bleche. Verschlissene, verbeulte Busse und solche, die kaum mehr fahren können, die am liebsten auch gar nicht mehr fahren möchten. Sie warten am Hafen, an den die Wüste heranreicht. Die Busse bilden wacklige Wege in die Landschaft bis weit in die Wüste hinein. Man kann in den Bussen nach einem Platz suchen und sich im Sitzen gehäuseartig in die Gegend verlängern. Aber wo ist der richtige Bus? Niemand von uns kann lesen, was auf die Busse gepinselt steht. Wir fragen, aber niemand versteht uns. Also irren wir erst einmal zwischen den Bussen herum.

Manchmal lässt einer von ihnen den Motor an, der fürchterlich qualmt. Karosseriebleche beginnen zu vibrieren. Unglaublich viele Leute sitzen in den Bussen und schauen uns zu, wie wir zwischen den Fahrzeugen herumlaufen. Wir versuchen, schnell fahrende von langsam fahrenden Bussen zu unterscheiden, um auf die verschiedenen Bestimmungsorte zu schliessen. Viele Busse befinden sich in komplizierten Rangiermanövern, wollen mal vor, dann wieder lieber zurück, wissen manchmal nicht, ob sie nun abfahren oder lieber noch ein wenig warten sollen. Allmählich wird es dunkel, und wir müssen aufpassen, dass uns die Busse nicht überfahren. Die meisten machen kein Licht an und rangieren mehr nach Gefühl. Die Busfahrer helfen sich gegenseitig und winken sich zu. Wir stehen dazwischen und wissen nicht, wohin wir uns wenden sollen.

Das nach Gefühl rollende Blech mit seinen enormen Resonanzkörpern gefällt uns, ganz besonders das Alter dieser Bleche, Fahrgestelle und Motoren. Ganze Busbiographien sind hier im heissen Klima unterwegs und haben sich ausserordentlich lange gehalten, viel länger als an den meisten anderen Orten auf der Welt.

Aber warum suchen wir im Hafen überhaupt nach einem Bus? Schiffe haben uns nach langer Fahrt ausgeladen. Wenn sie uns absetzen, müssen sie uns irgendwann einmal eingeladen haben. Da sie uns abgesetzt haben, müssen wir irgendwie weitermachen. Da es nur Busse gibt und sonst nichts, fahren wir mit einem Bus, sonst müssten wir mit den Schiffen wieder zurückkehren, aber das kommt nicht in Frage.

Nachdem wir für die Suche nach dem richtigen Bus einige Zeit aufgewendet haben, entschliessen wir uns, einfach irgendeinen der Busse zu nehmen. Irgendwohin wird er schon fahren. Und wo er endet, wird es ein paar Leute geben. Wo es Leute hat, wird es nicht ganz schlecht sein. Es wird sich immerhin um bewohnbares Gebiet handeln. Warum sollten wir in bewohnbarem Gebiet nicht eine Zeitlang leben können, auch wenn es wahrscheinlich erst einmal nicht die erhoffte grosse Stadt ist?

Einer der Busse ist uns besonders sympathisch. Wir steigen ein, verteilen uns auf den Sitzbänken so gut es geht. Es sitzen schon Leute im Bus, wir rücken zusammen, es kommen noch mehr Leute von draussen dazu. Leute pressen die anderen Leute und uns zusammen, drücken uns wie Knete in die letzten Winkel. Der Bus hat weder Beleuchtung noch Fensterscheiben. Von aussen fällt etwas Licht ins Innere, aber nicht sehr viel, weil es aussen nicht viel davon hat.

Es ist Nacht geworden, und wir sitzen in einem wartenden, nächtlichen Bus mit unbestimmtem Ziel. Zum Glück können wir uns aus den Fenstern ein Stück herauslehnen, einzelne Körperteile nach aussen verlagern, zum Beispiel Köpfe, Schultern oder Arme. Mit unseren Augen sehen wir aussen am Bus entlang und bemerken, dass andere Leute auch mit ihren Körperteilen heraushängen, um die Enge im Bus etwas auszugleichen. Wir sind froh, dadurch frischere Luft zum Atmen zu bekommen und nicht von der verbrauchten Businnenluft leben zu müssen.

Durch den Körperdruck der anderen und die völlig durchgesessene Bestuhlung spüren wir bald an verschiedenen Körperteilen den zunehmenden Schmerz von Druckstellen. Die Vorstellung, dass dieser Bus einmal losfahren und wir an einem anderen Ort aussteigen werden, gibt uns jedoch Zuversicht. Den Bus jetzt wieder zu verlassen, um einen anderen, eventuell früher abfahrenden zu erwischen, ist nur noch theoretisch denkbar, physisch aber nicht mehr zu realisieren. Ausserdem könnte es uns in einem anderen Bus genauso ergehen. Das tröstet uns. Wir müssen uns deshalb keinen Vorwurf machen und brauchen kein schlechtes Gewissen zu haben.

Plötzlich meldet sich mit dumpfen, polternden Vibrationen der Busmotor. Im Konzert mit anderen Busmotoren donnert er im Leerlauf vor sich hin, um sich auf die nun greifbar gewordene Abfahrt einzustellen. Vielleicht passt er eine sich für kurze Zeit öffnende Lücke zwischen anderen Bussen ab, um den Weg auf die Strasse zu finden. Dann geht es tatsächlich los: Wir schieben uns ganz langsam an anderen Bussen vorbei und erreichen schliesslich die Strasse. Wir passieren eine beleuchtete Sperre mit Strassenschwellen und Militär mit Maschinenpistolen im Anschlag. Der Busmotor spuckt, ruckt und arbeitet sich im unteren Drehzahlbereich voran. Wir biegen auf eine Schnellstrasse ein, wo Fahrzeuge ohne Licht durch die pechschwarze Nacht rollen. Sie sehen unbehaust aus, wir starren in schwarze Fahrzeuglöcher und können die Insassen nicht sehen. Diese Wagen sind rollende Rätsel, verbergen alles, was sie wissen, alles, was in ihnen gerade geschieht, und besitzen einen erstaunlich guten Orientierungssinn im Dunkel der Nacht.

Wir erreichen erste Bebauungen, kaum bemerkbar als solche, weil ihnen die Beleuchtung fast vollkommen fehlt. Wir erkennen auf den Strassen stehende und sitzende Leute. Auf schmalen Strasseninseln lagern Personengruppen auf der blossen Erde. Was machen sie dort? Unbeleuchtete Menschengruppen im Freien. Manchmal hält unser Bus, um Leute ein- und aussteigen zu lassen, aber ohne Businnenlicht bleiben ihre Gesichter schwarz.

Ein Film läuft im Kopf. Unser Bus, unsere Ankunft im Hafen, unser Aufbruch von irgendwoher, der Wald vor noch nicht allzu langer Zeit. Wir waren des Waldes überdrüssig, konnten uns aber nur mühsam von ihm befreien. Der Wald hielt uns sozusagen gefangen. Freiheitsberaubung, aber warum? Wir haben mehrfach versucht, die Weide zu überwinden. Sie war uns zu weit und zu gross, wir fühlten uns beobachtet, ausserdem schien sie uns zu hell. Dann brannte plötzlich der Wald, und wir mussten fliehen, sonst hätte uns das Feuer erreicht. Wir sind ganz schnell über die Weide gerannt. Ohne Waldbrand würden wir wahrscheinlich heute noch am Waldrand hocken und auf die Weide starren. Dem Feuer haben wir die überraschende Überwindung unserer Weidehemmung zu verdanken. Wie viele von uns die Überquerung der Weide geschafft haben, wissen wir nicht genau. Aber es waren genug.

Der Bus hält. Wir warten. Der Bus fährt nicht mehr weiter. Wir steigen mit allen anderen Leuten aus. Es ist dunkel. Wir wissen nicht, wo wir sind. Leute sitzen auf der Strasse. Es hat Gebäude und ganz wenig Licht. Es ist so warm, dass Gedanken ans Frieren gar nicht erst entstehen. Es liegen Leute am Strassenrand und schlafen. Wir legen uns unauffällig dazu. Das ist das Einfachste.

100 Gegenseitig sich betrachtende Blicke

In der Nacht besuchen uns zutrauliche Marder und lassen sich neben uns auf der Strasse nieder. Sie kommen in grosser Zahl, um sich zu uns zu legen, und schmiegen sich wie Zwiebelringe eng aneinander. Unsere Umgebungstemperatur steigt, aber die weichen Pelze bilden ein angenehmes Nachtlager. Einige der Marder kratzen sich gelegentlich in der Nacht oder scharren im Sand. Aber sie lassen uns und die anderen Schlafenden in Ruhe. Kein Vergleich mit den

Wölfen. Die schmalen Strassen sind zu langen Schlafplätzen geworden. Wenn wir zwischendurch einmal die Augen öffnen, um zu kontrollieren, ob alles in Ordnung ist, sehen wir über uns grosse, fremde Sterne am Himmel. Zuerst erschrecken wir, weil wir die Marder vergassen. Doch dann fassen wir Vertrauen zu den kleinen Tieren, weil sie uns in Ruhe lassen, im Gegenteil, weil sie sogar Schutz bei uns suchen. Bei uns? Warum nur bei uns? Was können wir ihnen schon bieten? Wir sind weder die Gegend gewohnt noch fühlen wir uns besonders kräftig, um sie im Fall der Fälle zu verteidigen.

Allerdings befällt sie schon früh am Morgen merkliche Unruhe. Sie beginnen, aufgeregt in alle Himmelsrichtungen zu schnüffeln und im Sand zu scharren. Dann rennen sie herum, als wüssten sie nicht, was sie tun sollen. Schliesslich verschwinden sie plötzlich wie Wasser, das im Sand versickert. Für uns ist es noch viel zu früh. Wir drehen uns um und schlafen weiter, bis die Helligkeit des Tages auch die letzten Winkel unseres Nachtlagers erfasst.

An Mauerwände gelehnt, sitzen wir da und schauen staunend, was um uns herum passiert. Mit uns erwachen auch die fremden Schlafenden. Gemeinsam sitzen wir und schauen. Zum Glück müssen wir nicht irgendwohin, um irgendetwas zu machen. Wir haben den Eindruck, dass hier niemand etwas muss. Das, was im Strassenbild passiert, entwickelt sich ganz allmählich wie aus sich selbst heraus. Wenn hier etwas geschehen möchte, sucht es sich eine Gelegenheit, dass es geschehen kann. Wenn aber keine Gelegenheit kommen möchte, passiert auch nichts.

Die anderen sehen etwas anders aus als wir, aber sie schauen genau gleich in den Tag hinein. Ihre Ruhe ist allerdings souveräner und wesentlich ungezwungener als unsere. Wir überlegen schon wieder viel zu viel. Wie kleine Maschinen denken unsere Gehirne und verschwenden unnötig Energie. Dabei muss heute Morgen überhaupt nichts gedacht werden. Wir sind einfach da. Das genügt.

Deswegen haben wir hierher gefunden, damit wir einmal sein können, ohne zu müssen. Und natürlich wegen der grossen Stadt, die uns die seelischen Wunden des Waldes heilen wird. So hoffen wir jedenfalls. Also versuchen wir nichts anderes zu tun, als einfach nur zu schauen. Es gibt so viel zu sehen. Die Gegend sind wir überhaupt nicht gewohnt, weder die Farben noch die Formen, die Gerüche nicht und auch nicht die Bewegungen. Alles ist vollkommen neu für uns.

Einige der anderen betrachten uns. Wir sehen schnell weg, als wir es bemerken. Wir wissen nicht, wie wir mit diesen Blicken umgehen sollen. Wir sehen kurz zu ihnen hin und dann schnell wieder weg. Wir wollen keinen Ärger heraufbeschwören. Ganz schnell kann ein Ärger entstehen, wenn man einmal zu lange kuckt. Das ist uns schon ein paar Mal passiert. Dabei wollen wir niemanden durch das Kucken angreifen, beleidigen oder in seiner menschlichen Würde herabsetzen. Im Gegenteil, wir kucken, weil wir einen Grund dafür gefunden haben, weil uns an einem Gesicht etwas besonders interessant erscheint. Aber genau deshalb haben wir schon Ärger bekommen und Prügel bezogen. Wir können ja schlecht sagen, dass wir nur wegen einer leicht hängenden Backe geschaut haben oder wegen einer auffällig hellen Gesichtsfarbe oder weil es in der ganzen Umgebung einfach nichts Besseres anzusehen gab.

Die anderen kucken auch und schauen schnell wieder weg. Die Blicke huschen quer über die Strasse, treffen sich in der Mitte und versuchen, sich möglichst unauffällig gegenseitig auszuweichen. Da wir uns mittlerweile über die ganze Strasse verteilt haben, gibt es viele Blicke, die in schnellem Wechsel hin- und herspringen. Blicke, die sich gegenseitig mustern, aneinander hängen bleiben, ohne dass sie das ursprünglich wollten und damit erst recht nicht gerechnet haben. Dann müssen unsere Gehirne doch wieder Informationen und Befindlichkeiten verarbeiten, prüfen, ob

Gefahren drohen, und die neuen Blicke mit abgelegten alten Blicken und Gesichtern der Vergangenheit vergleichen, um daraus Schlussfolgerungen abzuleiten. Die Blicke sind an einem gewissen Punkt eben doch gehirngesteuert. Andere Blicke unternehmen grosse Anstrengungen, einander auszuweichen und sich tunlichst nicht anmerken zu lassen, dass ein Augenkontakt stattgefunden hat. Die Gehirne werden gebeten, sich etwas einfallen zu lassen, damit die Gesichter mimisch nicht unpassend reagieren. Nur kein Eingeständnis eines Augenkontakts. Die Unverbindlichkeit muss unbedingt aufrechterhalten werden, trotz gegenseitiger Neugier.

Im Laufe des Morgens entwickelt sich in der Strasse ein für niemanden mehr überschaubares Geflecht aus Blicken und Blickveränderungen. Nach einiger Zeit merken wir, dass unsere Gehirne weder über die Vergangenheit noch über die Zukunft nachdenken, das heisst sich Sorgen machen müssen, sondern dass sie nur noch im Augenblick der Blicke leben, die sich wie Wellen des Meeres immer wieder neu heranwerfen, mal versteckter, mal offener.

Mit der Zeit hat über dieses komplexe Blickgeflecht des Morgens ein innerer Austausch stattgefunden, ohne dass wir allerdings sagen könnten, was sich tatsächlich über die vielen Blicke ausgetauscht hat. Vielleicht wird durch das Schauen eine in gewissen Punkten seltsame Zusammengehörigkeit bemerkbar. Über die Blicke scheint etwas hin- und hergeflossen zu sein. Es befreit uns, dass wir nicht wissen, was es ist. Es muss etwas Subtiles, Diskretes sein. Wir haben glücklicherweise nicht das Gefühl, es wissen zu müssen. Das ist das Schönste, nichts mehr zu müssen, nichts mehr wissen oder denken zu müssen. Wir staunen nur, wie ruhig und gleichmässig alles verläuft, ohne Hast und Druck, ohne Zerren und Biegen. Vielleicht liegt das einfach an der Wärme hier.

Mit dem allmählich zunehmenden Sonnenlicht drückt sich mehr und mehr Verkehr durch die Strasse. Es ist viel interessanter, an den pulsierenden Plätzen der Gegenwart zu sitzen und dem Geschehen zuzuschauen, als an der Vergangenheit oder der Zukunft herumzudenken. Der Verkehr strömt mit so vielen ungewohnten Fahrzeugen, dass wir gar nicht mehr denken können, auch wenn wir manchmal immer noch glauben, denken zu müssen. Das Gehirn braucht sich nicht mehr anzustrengen und an komplizierten Problemen zu laborieren. Unser Gehirn hat die Gewohnheit, viele Probleme mit sich herumzutragen und sich bei jeder Gelegenheit tief in sie hineinzubohren. Dabei kann es die Probleme weder klären noch lösen und schadet dabei nur uns, weil wir keinen neuen Mut mehr für den nächsten Tag bekommen. Anstatt uns das Gehirn im Alltag hilft, bohrt es in unlösbaren Lebensproblemen herum, die kein Gehirn der Welt bewältigen kann. Dadurch erleiden wir einen beträchtlichen Nachteil. Wir können unser Gehirn aber nicht einfach entfernen, weil sonst gar nichts mehr ginge und wir sterben müssten.

101 Gehirnbehinderung

Wenn wir genauer darüber nachdenken, denkt unser Gehirn eigentlich gar nicht so viel, sondern es vergleicht. Der Vergleich fällt für uns meistens nicht angenehm aus, weil wir vom Gehirn im direkten Vergleich mit anderen Leuten als Tagediebe oder Weichlinge hingestellt werden. Das eigene Gehirn macht uns einen Vorwurf und erhebt sich über uns, anstatt es uns hilft, die Probleme des Lebens zu bewältigen. Es vergleicht uns mit anderen Leuten, die es auf der Strasse herumlaufen sieht. Ohne dass es diese Leute im Geringsten kennt, bekommt es das Gefühl, dass die anderen besser gekleidet seien, mehr Geld oder wenigstens interessantere Berufe hätten.

In letzter Zeit gehen wir keiner beruflichen Tätigkeit nach, weil uns schlicht und einfach keine mehr gelingt. Wir sind fair zur Welt und machen noch nicht einmal der allgemeinen Wirtschaftslage einen Vorwurf, was wir leicht tun könnten. Nein, wir sagen dem Gehirn, dass es uns zunehmend schwer falle, uns in einen geregelten Tagesablauf einzufügen, damit für die Allgemeinheit oder zumindest für den Arbeitgeber am Tagesende noch etwas Brauchbares herauskommt.

Dafür haben wir in den letzten Jahren einiges von der Welt gesehen, wenn auch nicht viel von ihr verstanden. Wir haben wenigstens ein komplexes Blickgeflecht über eine fremde Strasse gelegt. Das ist auch etwas, immerhin. Das gibt es nicht jeden Tag. Wir finden, dass ein solches Geflecht etwas Wertvolles ist, obwohl niemand damit Geld verdienen kann.

Dafür haben wir keinen grossen Anspruch mehr auf viel Geld. Wir können problemlos von einem einzigen Apfel pro Tag leben oder von einer Brezel. Früher haben wir keine Äpfel gemocht, jetzt könnten wir gut einen gebrauchen. Ein ganz normaler Apfel hätte für uns heute einen grossen Wert. Leider kommt keiner mehr vor, schon gar nicht hier, wo wir gerade sind. Dann leben wir eben von altem Brot. Man kann es zur Not in kleine Stücke brechen, mit zwei Steinen zu Krümeln klopfen oder in Wasser einweichen, um selbst steinhartes Brot ohne Zähne essen zu können. Dafür brauchen wir vom Gehirn kein Geld. Es hat völlig falsche Vorstellungen von uns, scheint uns gar nicht mehr zu kennen. Es hat sich uns entfremdet. Wir sind traurig, weil wir vermuten, dass es schwierig wird, mit einem entfremdeten Gehirn in einer ungewohnten Umgebung zu überleben, zumal in fortgeschrittenem Alter.

Statt zu arbeiten, waren wir einige Zeit im Heim und eine wahrscheinlich noch längere Zeit freilebend im Wald. Dort braucht man keinen interessanten Beruf. Im Wald muss man vor allem überleben. Die Heilkundigen konnten wir dabei gut gebrauchen. Wir haben viel von ihnen gelernt und dank ihrer Hilfe überlebt. Es ist immerhin eine Leistung, mit nichts und gar nichts in unbekannten Waldgebieten gefährliche Tierangriffe zu überstehen. Warum begreift das unser Gehirn nicht?

Wir wollen längst schon keinen westlich geprägten Lebensmassstab mehr. Selbst wenn wir ihn noch einmal wollten, ginge es inzwischen nicht mehr. Wir haben uns aus diesem Zusammenhang herausbewegt, sind ihm davongewandert und haben uns in etwas anderes hineingelebt, von dem wir nicht wissen, was es eigentlich ist. Das Gehirn hat diesen Schritt offenbar nicht vollzogen. Es hängt noch immer an unserer früheren Lebensweise und trauert ihr nach. Man kann aber mit seinem Gehirn nicht sprechen. Schade, dass es unserem Leben hinterherhinkt.

Was wäre eigentlich, wenn es nur ein einziges Mal Schritt hielte, oder sogar einen winzigen Meter vorausginge? Nicht vorzustellen. Wir würden plötzlich über uns hinauswachsen, könnten den westlichen Lebensballast, der sich wie eine zähe Schleimspur hinter uns herzieht, mit einem Mal austrocknen, pulverisieren und in das Weltall pusten. So aber klebt die pseudointellektuelle Verkopfung wie Pech an uns. Das Gehirn macht uns Vorwürfe und ist dabei selbst die Behinderung, aber das merkt es nicht und will es erst recht nicht wahrhaben. Wir seien die Behinderung, heisst es. Können wir uns nicht das Gehirn heraussaugen und einfach einmal versuchen, ohne es durch den Tag zu kommen, nur durch einen einzigen Tag? Wie kann jedoch die Trägheit des Gehirns überlistet werden? Wir könnten vielleicht schlechte Nervenzellen aussortieren. Jetzt hätten wir dazu viel Zeit. Und vielleicht würden sogar einige der anderen uns dabei helfen und danach ihre eigenen Nervenzellen sortieren. Das ganze Land könnte einmal sortieren und am Schluss viel unbrauchbares Gehirnvolumen in den Fluss werfen.

Wir wollen das Gehirn loswerden, wissen aber nicht wie. Vielleicht ist das der tiefere Grund für den vollzogenen Ortswechsel in die unermesslich grosse Stadt. Keine städtischen Verhältnisse, wie wir sie kennen, sondern ein anarchischer, urbaner Kontinent, ein driftender Kosmos im Süden der Welt. Unsere Netzhaut wird von Eindrücken überflutet, so dass das Gehirn keine Zeit mehr zum Vergleichen und Ordnen hat. Wir wandern durch die Strassen, bleiben stehen, schauen, setzen uns, wenn es eine Gelegenheit dazu gibt, und sehen zu, was um uns herum geschieht, was von innen heraus eine Gelegenheit zum Geschehen bekommen möchte.

Wenn wir intensiv genug schauen und die Geschehnisse in uns einsinken lassen, können wir ohne Beteiligung des Gehirns erstaunlich weit in den fremden Stadtkosmos vordringen. Wie die Marder schauen wir in die hintersten Winkel und laufen um die parkenden Fahrzeuge herum. Damit sind wir tagelang beschäftigt. Nicht nur unsere Augen haben viel zu tun, wir riechen die seltsamsten Sachen, tasten mit den Händen nach allen möglichen Dingen, weshalb sich unser Geruchs- und Tastsinn immer besser entwickelt und nach einigen Wochen eine bislang nicht gekannte Sensibilität erreicht. Auch und gerade unsere Augen haben sich positiv verändert, können hervorragend in der Dämmerung und in der Nacht sehen, haben für belanglose Details und Nebensächlichkeiten einen besonderen Sinn entwickelt. Am meisten Freude haben sie daran, jeden Tag wieder Neues, bisher nicht Gesehenes zu erblicken. Deshalb wählen wir auf unseren Wanderungen durch die Stadt immer neue Strassen und Wege. Es gibt unzählige. Durch die Freude am Schauen sind unsere Augen hell und licht geworden.

Die schönste Erfahrung ist jedoch, dass wir kaum mehr etwas denken oder vergleichen müssen. Das ist uns eine grosse Beruhigung. Die intensive Beanspruchung unserer Sinnesorgane hat offenbar die Bemühungen des Gehirns ins Abseits gedrängt. Es ist schlicht und einfach nicht mehr gefragt. Wir müssen es gar nicht entfernen, sondern können es durch Nichtbeanspruchung austrocknen, so dass es sich mehr und mehr zurückbildet. Wir leben von der gesteigerten Aktivität und zunehmenden Leistungsfähigkeit unserer Sinnesorgane. Wenn wir schauen oder riechen, sind wir ganz nah bei den Dingen, wenn wir Leute sehen, können wir in sie hineinsickern, wie wir uns dies vorher nie vorgestellt hätten. Und umgekehrt merken wir, dass sie auch in uns einsinken, so dass wir sie ein Stück mit uns herumtragen. Auch sie haben einen Teil von uns mit sich dabei. Mag sein, dass sich dies bald wieder verliert, aber wir haben es zumindest eine Zeitlang gespürt.

Weil wir wenig zu essen finden, verlieren wir allmählich an Kraft, weshalb unsere Wanderungen kürzer werden. Weil wir kein Geld für einen Arzt haben, lassen sich die Erkrankungen einzelner von uns nicht mehr kurieren. Einige laborieren lange an diesen oder jenen Beschwerden, andere nur kurz, bevor sie in den Strassenstaub sinken und sterben. Aber es sind nicht sehr viele, die meisten leben noch eine Weile weiter.

Es fällt uns auf, dass schon lange keine Jungen mehr nachwachsen. Dafür gibt es Leute, die wir vorher noch nie gesehen haben, die sich uns beispielsweise nach einem gemeinsamen Nachtlager angeschlossen haben. Die sprachlichen Verständigungsprobleme sind nicht so gravierend, da wir ohnehin nicht mehr so viel reden wie früher, weil wir das Sehen vorziehen. Wer viel sieht, muss nicht mehr viel reden. Wenn alle sehen, muss keiner mehr etwas sagen, weil alle bereits gesehen haben, was jemand zu erzählen sich überlegt. Wir schauen viel lieber, als dass wir reden. Auch die Neuen unter uns lieben das Schauen, sind das ausdauernde Betrachten bereits gewohnt und wollen damit auch nicht mehr aufhören. Wir ergänzen uns gut, denn in einigen Bereichen haben sie uns sogar eine gewisse Seherfahrung voraus.

Das Sehen entwickelt sich zu einer Sucht. Wir können gar nicht mehr intensiv genug sehen. Wenn wir viel gesehen haben, möchten wir noch viel mehr sehen, noch ganz andere Dinge, noch viel mehr Personen, die wir bis jetzt weder betrachtet noch von irgendwoher gekannt haben. Wir können und wollen nicht mit ihnen reden, möchten ihnen einfach nur zusehen. Nur einige wenige Momente, nicht den ganzen Tag, nur wie sie an uns vorbeilaufen, wie sie kurz innehalten, schauen, das Gewicht verlagern, ihre Taschen anders schultern, dann weiterlaufen, die Richtung ändern, in einer Gasse verschwinden. Manchmal gelingt es, für wenige Sekunden ihren Gesichtsausdruck aufzufangen. Wenn ein Gesicht verlöscht, kommt gleich das nächste. Wir können in einer halben Stunde die halbe Welt sehen. Das hätten wir uns vorher noch nicht einmal vorstellen können.

Die wundersamen Möglichkeiten des Sehens führen dazu, dass einige von uns hierhin, andere dorthin und wieder andere ganz woandershin laufen. Alle sehen so viel und so intensiv, wie sie nur sehen können. Nur noch das ungestörte Schauen ist von Bedeutung. Die Sekundengesichter ziehen uns mit ihren Blicken aus der Ewigkeit in einen magischen Bann. Sie erneuern sich von Minute zu Minute. So schnell, wie sie erscheinen, sind sie auch wieder verschwunden. Und es kommen unablässig immer wieder neue.

Nach einiger Zeit bemerken wir, wie wir uns langsam, ganz allmählich zerstreuen und mehr und mehr auseinanderdriften. Je intensiver wir sehen, je mehr unser Gehirn in einen Zustand des Ruhens, Austrocknens und Schrumpfens übergeht, desto mehr vereinzeln wir uns.

Wir sehen uns allerdings nicht zum ersten Mal in verschiedene Richtungen davonwandern. Auflösungsprozesse dieser Art hat es in der Vergangenheit wiederholt gegeben, in der Regel gefolgt von erneuten Zusammenfindungen, wenigstens in Teilen. Wahrscheinlich steckt ein natürlicher sozialer Prozess dahinter, dem wir unterliegen, der wie automatisch aus unserem Zusammenleben erwächst. Wir haben uns aus verschiedenen Gründen getrennt und uns nach gewisser Zeit meistens wieder neu zusammengeschlossen. Es ist ein grosses und langsames Ein- und Ausatmen. Dabei gehen zwar einige von uns verloren, aber es kommen wieder neue hinzu. So verändert sich unser Bestand über die Jahre und bleibt dabei ganz und gar durchlässig für die Veränderungen der Natur.

Doch dieses Mal stabilisiert sich die Trennung mit ungewohnter Zähigkeit. Sie wird mehr und mehr zu einem dauerhaften Zustand. Zwar greifen wir in diesem urbanen Kontinent erstaunlicherweise immer wieder einzelne von uns auf, manchmal auch kleine Gruppen, aber es zeichnen sich keine Kräfte mehr ab, die auf einen Zusammenschluss abzielen. Wenn wir uns treffen, tauschen wir freundliche Worte aus und sitzen eine Weile gemeinsam auf einer Mauer. Mehr passiert nicht. Im Gegensatz zu früher sind wir insgeheim gar nicht unglücklich, ohne die anderen weitergehen zu können. Wir fühlen uns weder zur Mitnahme der anderen noch für ihre Fürsorge verpflichtet. Wir sind nur noch für uns allein verantwortlich, nicht mehr für alle anderen. Welche Erleichterung! Doch vielleicht haben wir uns die Verantwortung immer nur eingebildet, um uns gegenüber den anderen und letztlich auch vor uns selbst wichtig zu machen, um uns eine Bedeutung zukommen zu lassen, für die es eigentlich nie einen Grund gab. Jedenfalls haben wir bei der Verabschiedung kein schlechtes Gefühl und glauben, dass es den anderen genauso geht. Sie machen nicht den geringsten Versuch, uns bei sich zu behalten oder uns zu folgen. Das hätte ja immerhin sein können, aber es ist nicht der Fall, wirklich nicht.

Vielleicht ist dieses Phänomen unserem Alter zuzuschreiben und dem körperlichen und geistigen Verschleiss, den es nun einmal mit sich bringt. Wir können diesen Gedanken leider nicht überprüfen. Auch wissen wir nicht, ob sich eines Tages nicht doch noch einmal ein grösserer Zusammenschluss ereignen wird. Gefühlsmässig glauben wir nicht daran, können uns einen solchen Prozess nicht mehr recht vorstellen. Aber wir haben uns schon oft in uns getäuscht. Vielleicht koppeln wir uns dieses Mal so deutlich von den anderen ab, dass wir deren erneuten Zusammenschluss gar nicht mitbekommen. Vielleicht erwischt es uns nun doch einmal, nicht nur immer die anderen, die es bisher immer getroffen hat. Vielleicht schliessen sich dieses Mal die anderen zusammen, leben in neuer Form weiter, und wir sind auf einmal die Randständigen, merken es nicht, bleiben vereinzelt und müssen nach und nach absterben.

Dafür bemerken wir etwas, das uns zunächst überrascht, das uns bislang nur einmal, nämlich im Heim, begegnet ist: Wir treffen auf der Strasse wildfremde Leute, die uns auf rätselhafte Art bekannt und vertraut erscheinen, mehr noch, in denen wir einen kleinen, diffusen Bruchteil unserer selbst wiedererkennen. Wir haben den Eindruck, dass viele der Passanten, die uns in grosser Zahl täglich auf der Strasse begegnen, einen Partikel von uns in sich tragen. Es ist manchmal nur die Silhouette eines Ohres, eine bestimmte Art, sich an eine Hauswand zu lehnen, die Länge der Schritte oder der Rhythmus des Sprechens. Wir haben sogar das Gefühl, dass wir tausendfach pulverisiert, fragmentiert und zu ganz neuen Kombinationen zusammengesetzt herumlaufen. Hängt dieses Phänomen mit den Erfahrungen und den neu gewonnenen seismographischen Fähigkeiten unseres Sehens zusammen? Jedenfalls haben wir durch das intensive Schauen viele Kleinigkeiten im alltäglichen Leben entdeckt, faszinierende Nebensächlichkeiten und Belanglosigkeiten, die uns zuvor nie aufgefallen sind.

Auf der einen Seite haben wir uns mittlerweile in den anderen Personen verloren und sind körperlich in alle Himmelsrichtungen auseinandergedriftet. Auf der anderen Seite begegnen wir uns selbst in fremden Personen. Ohne Vollständigkeit natürlich, aber überall auf der Strasse, egal welche Himmelsrichtungen wir wählen. Je länger wir schauen, desto mehr vertraute Eigenschaften entdecken wir in den anderen Personen. Oft überlagern sie sich mit anderen Eigenschaften und verschmelzen zu etwas Neuem. Hätten wir nicht wochenlang geschaut und so lange kaum etwas geredet, wären uns diese Beobachtungen womöglich verborgen geblieben.

Wir waren immer schon verschiedene Meinungen, Lebensarten und Verhaltensweisen gewohnt, weil wir nie allein waren, sondern immer viele von uns um uns hatten. So erscheint das, was wir jetzt erleben, als konsequente Fortsetzung dessen, was wir immer schon gekannt haben. Unsere Verteilung geht einfach viel weiter, als wir das bisher erlebten. Die Stadt und das Sehen haben uns pulverisiert und wie Staub über dem städtischen Kontinent herabgeschneit. Wohin wir auch kommen, wir sind schon da. Wen wir auch ansehen, immer schaut ein Teil unserer selbst zurück.

Zwar scheint es, als seien wir über der ganzen Stadtfläche verteilt, vielleicht sogar mit Bussen bis aufs Land gefahren und dort unmerklich in Dörfer und Oasen eingesickert, doch spüren wir zunehmende Schwierigkeiten, unsere Körperteile zu koordinieren. Auch sind wir in letzter Zeit deutlich abgemagert und spürbar kraftloser als früher. Seit wir uns in der Stadt aufhalten, haben wir nicht mehr sehr viel zu essen gefunden. Auch an das Schlafen in immer wieder anderen Strassen mit den damit verbundenen Umständen konnten wir uns bislang nicht recht gewöhnen. Wir liegen uns Druckstellen in den Körper, obwohl wir immer einen Karton dabei haben. Wir müssen in der Nacht wegen fremder Geräusche öfters aufschrecken. Wir hätten gern die Marder als pelzige Schutzmacht und weiche Kopfkissen dabei. Aber sie haben uns nur in der ersten Nacht besucht, dann nie mehr wieder. Wir werden den Ort der ersten Nacht leider nicht mehr wiederfinden, da sind wir uns sicher.

104 Kein Zigeunertopf mehr, und sonst ist auch alles mühsam

Wir wünschen eine Kraft, die uns morgens schwungvoll auf die Beine stellt und uns mit federnden Schritten durch die Stadt trägt. Dabei können wir manchmal noch nicht einmal mehr mit der Hand eine halbwegs schliessende Faust machen. Daran ist nicht nur die Hitze schuld, denn auch in der Nacht gelingt uns die Faust nicht mehr. Der von den Wölfen zugerichtete Arm ist nur noch ein vertrockneter Ast. Wenn es Wind hat, baumelt er lose am Leib. Vom Arm aus betrachtet, ist das nicht so schlimm, denn es gibt Millionen vertrockneter Äste auf der Welt, die täglich im Wind schwanken. Aber als Körperteil kann man sich einen Arm als Ast nicht leisten. Das ist eine Gefährdung der gesamten Körperschaft und kann eines Tages den plötzlichen Tod bedeuten, zumal in dieser Hitze ohne besondere hygienische Vorkehrungen. Da nützen herausragende Wahrnehmungsfähigkeiten auch nichts mehr.

Doch leider hat auch der Augenapparat in letzter Zeit merklich nachgelassen. Die allmählich sich verbreitende Unschärfe der Dinge kann nicht nur mit dem Smog erklärt werden, der die Gebäude in angenehme Weichheit hüllt. Die visuelle Erkennung von Personen funktioniert nicht mehr gut. Wenn wir zwischendurch glauben, auf einen der Unsrigen gestossen zu sein, müssen daher auch akustische Möglichkeiten zur Identifikation beigezogen werden. Über die Stimme erkennen wir manchmal jemanden oder glauben zumindest, jemanden zu erkennen. Leider wäre dafür auch eine gute Gedächtnisleistung hilfreich, die jedoch erheblich zu wünschen übrig lässt. Die Leistungen des Gehirns sind Vergangenheit, aber das haben wir ja selbst so gewollt. Jetzt befindet es sich im Ruhezustand und kann nicht einfach spontan geweckt und zur Arbeit gerufen werden.

Manchmal spielen sich merkwürdige Szenen ab: Wir sitzen an eine Wand gelehnt, lauschen und versuchen zu sehen. Es scheint uns, als nähere sich eine vertraute Person. Dann rufen wir mit gebündelten Kräften etwas und lauschen den Worten hinterher, wie sie im Verkehr verschwinden. Noch angestrengter müssen wir dann hinhören, weil wir antwortende Worte vernehmen und während des Hörens versuchen, Bekanntes von Unbekanntem zu unterscheiden. Das sind wahre Höchstleistungen für unseren nurmehr teilaktiven Wahrnehmungsapparat.

Natürlich versuchen wir auch, im visuellen Bereich etwas Bekanntes aus dem optischen Ozean herauszufischen. Mit angespannten, zu komischen Grimassen verzogenen Gesichtern hocken wir da, halten die eine Hand ans Ohr, die andere an die Augenbrauen, um die Wahrnehmungsleistung wo immer möglich zu steigern. Mit krächzenden Stimmen müssen wir oft mehrfach rufen. Dabei wechseln wir uns ab, um die Stimmbänder zu schonen. Und nähert sich jemand, braucht es noch den Tastsinn, weshalb wir mit den mal mehr, mal weniger ausklappbaren Armästen an den Leuten herumfingern. All diese fragmentarischen Sinnesbruchstücke zu sortieren, und das in sehr kurzer Zeit, ist unseren Gehirnresten schon zu viel. Daher kommt es zu Verwirrungen und peinlichen Verwechslungen. Wir müssen Fusstritte einstecken oder uns in aller Öffentlichkeit beschimpfen lassen.

Das sind keine schönen Erfahrungen, zumal im Alter, das wir uns einmal ganz anders vorgestellt haben. Nicht auf einer wildfremden Strasse in einer uferlosen Stadt hockend, sondern wenigstens in einer beheizbaren, kleinen Wohnung, in der man an Vormittagen die freie Wahl hat, ob man am Esstisch sitzen möchte oder lieber auf dem Sofa. Auch haben wir uns einmal insgeheim eine tägliche Brezel gewünscht, die wir uns selbständig noch hätten beim Bäcker um die Ecke kaufen können. Auf diese Weise blieben wir in Bewegung, haben wir gedacht, und kämen einmal am Tag an die frische Luft. Und am Abend würde eine warme Mahlzeit folgen, wenn auch nur aus einer Büchse aufgewärmt. Komplizierte Kochvorgänge hätten natürlich nicht mehr geklappt, das ist schon klar. Wir haben nie besonders hohe Erwartungen gehabt oder behauptet, im Alter raffinierte Kochkünste zu beherrschen. Aber zum Beispiel einen schmackhaften Zigeunertopf mit kleingeschnittener Wurstbeilage – einfach und problemlos mit einem Löffel und sogar ohne Gebiss aufnehmbar – , das haben wir uns eben schon irgendwie vorgestellt.

Dafür wäre jedoch eine gewisse Mindestmenge an Geld erforderlich. Und das ist keines da, das steht fest, da sind wir uns sicher. Es kommt einfach keines herein, von einer regelmässigen Rente ganz zu schweigen. Wir brauchen gar nicht erst in unseren Hosentaschen zu suchen. Es findet sich dort noch nicht einmal mehr ein Geldbeutel. Warum kam das so? Was haben wir falsch gemacht? Glücklicherweise sind wir altersmild geworden, so dass wir uns nicht mehr aufregen können, auch wenn wir das manchmal gerne noch wollen. Irgendetwas hat nicht funktioniert. Es muss an uns liegen, nicht an der Welt. Was kann die Welt dafür, wenn wir keinen Zigeunertopf zu essen bekommen? Niemand kann jemand anderem im Alter einen Zigeunertopf versprechen. Wir können aber wenigstens gelegentlich an einen denken. Manchmal fällt uns noch von früher ein, wie ein Zigeunertopf schmeckt. Das ist immerhin etwas.

Wir bewegen uns nicht mehr viel. Nicht dass wir nicht gern einmal aufgestanden und ein Stück die Strasse auf- und abgegangen wären. Doch statt der erhofften Kraft sind Schmerzen in unsere Glieder eingezogen. Zuerst kaum spürbar, dann von Tag zu Tag nicht stark, aber dafür stetig zunehmend. Von innen heraus drückt der körperliche Verfall. Wir wissen nicht, ob es eine Krankheit ist, jedenfalls haben wir keine Vergleichsmöglichkeiten mit bekannten Krankheitsbildern gefunden, wobei unsere Gedächtnisleistung keine solche mehr ist. Man müsste sich an eine bekannte Krankheit erinnern können, um einen Vergleich zu ziehen, der weiterhelfen würde. Weder auf das Gedächtnis noch auf das Gehirn ist mehr Verlass. Das alles löst sich auf. Wahrscheinlich hätte uns ein Zettel zur Verabschiedung nun auch nichts mehr genützt, weil wir ihn inzwischen nicht mehr lesen können. Den anderen geht es auch so. Es kann oder will keiner von uns mehr etwas lesen. Wir haben in unserem Leben nie besonders viel gelesen, warum sollten wir es jetzt noch tun?

Also bewegen wir uns nicht mehr viel. Manchmal wirft uns jemand eine faule Orange hin. Sie ist immer noch gut genug für unsere Ernährung. Mit Münzen können wir nicht mehr viel anfangen. Zum Glück liegen wir in unmittelbarer Nähe eines gelegentlichen Marktes, so dass immer mal wieder etwas Angefaultes für uns übrig bleibt. Man kennt uns inzwischen und weiss, dass wir harmlos sind, obwohl wir eine andere Hautfarbe haben und daher immer noch der westlichen Zivilisation zuzurechnen sind. Daraus könnten sich kulturelle oder religiöse Konflikte ergeben, aber der Konflikt lohnt wohl nicht angesichts unseres äusseren Erscheinungsbildes.

Der Markt kann uns inzwischen für nützliche Dienste nicht mehr gebrauchen. Selbst einfache Handgriffe misslingen. Erst recht taugen wir nicht als Aufpasser, weil wir uns nicht mehr auf etwas Bestimmtes konzentrieren können. Ausserdem sprechen wir nicht die Landessprache. Wenn etwas passieren würde, könnten wir nicht einschreiten, da unsere Stimme zu leise ist, unsere Arme keine Kraft mehr haben und unsere Beine nicht mehr laufen können. Wäre es gesundheitlich nicht so schlimm um uns bestellt, könnten wir uns nebenbei noch etwas Obst verdienen, das wir entweder verzehren oder gegen etwas anderes eintauschen würden, wodurch sich unser Lebensstandard und damit unser Allgemeinbefinden leicht verbessern liessen. Das hätten wir allerdings früher tun sollen, jetzt ist es zu spät.

Angefaultes zu verzehren macht uns nichts mehr aus. Im Gegenteil: Wir haben das Gefühl, dem Angefaulten durch den Verzehr zu einer sinnvollen Verwendung zu verhelfen. Dann sind Obst und Gemüse nicht umsonst gewachsen. Was kann das Angefaulte dafür, dass es liegen geblieben ist, dass es von niemandem gewollt wurde, bis es mit dem Faulen nicht mehr warten, sondern damit beginnen musste? Es wäre lieber frisch und schön verkauft und von gesunden Kindern oder Erwachsenen verzehrt worden. So gelangt das Angefaulte ohne Gegenleistung zu uns, die wir alt und krank geworden sind. Es ist nichts mehr wert. Keiner will das Angefaulte mehr haben, ausser wir und Unseresgleichen. Wir sind froh und verzehren es mit guten Gedanken. Wer oft Angefaultes isst, merkt nicht mehr, dass das Angefaulte überhaupt angefault ist, weil man gar nicht mehr weiss, wie Frisches schmeckt. Der Geschmackssinn hat sich zurückgebildet und wüsste mittlerweile gar nicht mehr, Frisches als Frisches überhaupt zu erkennen.

Wir beklagen unsere Schmerzen und jammern, dass wir uns nicht mehr viel bewegen können. Wenn wir uns bewegen könnten, ginge es uns besser. Durch einen Spaziergang bekämen wir neue Eindrücke von der Welt, die sich auf unser Allgemeinbefinden positiv auswirken würden. Es hört uns beim Jammern aber niemand zu. Unsere eigene Jammerei sind wir bald leid. Also hören wir damit auf, spüren aber, dass immer noch ein innerer Jammerdruck vorhanden ist, der nicht so einfach abgestellt werden kann. Da er einmal da ist, muss er irgendwo hin. Aber was sollen wir mit dem Jammern machen? Wir können es nicht abspazieren, mit Energieverbrauch während des Laufens und mit frischen Eindrücken von der Welt tilgen. Das wäre an sich eine gute Idee, scheint uns, aber leider halten uns Schmerzen und Kraftlosigkeit am Boden, was wiederum der tiefere Grund des Jammerns sein könnte. Wir haben keine grossen Ansprüche an besonders abwechslungsreiche Spaziergänge im Alter. Fünfzig Meter würden uns bereits genügen. Man kann auf fünfzig Metern viel entdecken, das haben wir in der Waldhöhle gelernt. Der Ausschnitt der Waldwelt war damals nur etwa zwanzig Meter gross. Man kann mit fünfzig Metern einiges anfangen.

Wir müssen das, was wegen des inneren Jammerdrucks spazieren möchte, in anderer Form in Bewegung versetzen. Manchmal kommt zum Beispiel ein Huhn vorbei oder ein Hund. Sie scharren im Sand. Besonders die Hühner scharren mit Ernsthaftigkeit und Ausdauer. Mit Händen und Fingern greifen wir in den Sand und scharren auch einmal. Wir scharren gemeinsam mit den Tieren. Wir bekommen beim Scharren ein gutes Gefühl für die Temperatur und die Dichte des Sandes. Auch wissen wir bald, wie tief der Sand reicht und dass darunter etwas Hartes kommt. Von Tag zu Tag ändert sich die Zusammensetzung des Sandes. Es sind Halme, Blätter, Papier, Zigarettenkippen, Flaschendeckel, Glasscherben und aus Plastik gemachte kleine Teile darin enthalten, die wir nicht immer identifizieren können. Wir fühlen regelmässig Metall: Nägel, Schrauben, Splinte, auch eine Radkappe war einmal dabei. Die haben wir schön geputzt neben uns an die Mauer gelehnt.

Das Scharren tut uns gut. Es hat etwas Beruhigendes. Das Rieseln des Sandes mit allem, was darin enthalten ist, zeigt sich als angenehme Meditation und wirkt sich positiv auf unseren Jammerdruck aus. Durch das ausdauernde Scharren hat sich unser Tastsinn deutlich verbessert. Dass sich in unserem Alter, mit unserer reduzierten Wahrnehmungsfähigkeit überhaupt noch etwas positiv entwickeln würde, hätten wir nicht gedacht. Es liegt aber auch an der reichhaltigen und immer wieder überraschenden Zusammensetzung des Sandes, dass wir so gerne scharren.

Wir haben das behutsame Scharren in unseren Tagesablauf integriert. Die Welt spült uns im Sand immer wieder Neues heran. Wir müssen gar nicht mehr spazieren, um zu den Dingen zu gelangen. Wie in einem Meer werden sie zu uns herangetrieben, wurden immer schon angespült, seit wir hier sitzen, und schon lange, bevor wir hier sassen. Wir haben es bisher nur nicht gemerkt. Wir hätten früher nie gedacht, dass wir eines Tages nicht einmal mehr fünfzig Meter würden spazieren können. Nein, inzwischen wollen wir das gar nicht mehr, selbst wenn wir es könnten. Wir scharren lieber im Sand.

106 Lieber stinken als sterben

Wir wollen diesen Gedanken nicht in unserem Gehirn haben, aber er kommt immer wieder und versucht, sich bei uns einzunisten. Schliesslich hat er es geschafft und sich in unseren Gehirnresten festgesetzt, die sich genau wie wir nicht gegen ihn wehren konnten: Wenn nicht ein Wunder geschieht, werden wir von unserer Mauer nicht mehr weg kommen, geschweige denn, die Stadt eines Tages wieder verlassen können. Alle Voraussetzungen dafür gingen nach und nach verloren. Unser Aktionsradius beträgt nur noch wenige Meter. Dann müssen wir wegen mangelnder Kräfte bereits wieder unsere Mauer aufsuchen.

Wir haben nicht damit gerechnet, dass uns die Kräfte so rasch verlassen würden. Da wir bisher einigermassen gesund waren, haben uns die Schmerzen überrascht. Bei den meisten Bewegungen müssen wir auf die wenigen Zähne beissen, die uns noch geblieben sind. Wenn es mit diesem Allgemeinbefinden weiterhin so bergab geht, wie in der letzten Zeit, würde bald der Tod folgen, denkt der Gedanke in uns und hat wahrscheinlich recht. Wer von seiner Mauer nicht mehr wegkommt, wird natürlicherweise an seiner Mauer sterben. Das geht nicht anders, zumal wir keine Anverwandten oder Gehilfen haben, die uns zu gegebener Zeit an einen würdigen Ort zum Sterben tragen könnten. So wird wohl die Öffentlichkeit eines Tages unseren Tod mit ansehen müssen. Wir haben keine Kraft mehr, diesen widerlichen Gedanken zu verscheuchen. Er umschwirrt uns wie eine dicke, dumme Motte.

Zwar können wir gegen den Gedanken nichts unternehmen, doch durch die täglich immer gleichen Abläufe – wir sitzen an der Mauer, schauen und scharren im Sand – beginnt er, sich zu wiederholen. Je häufiger sich der Gedanke wiederholt, desto stärker verkrustet er. Es ist immer genau derselbe Gedanke. Er ändert sich überhaupt nicht, obwohl jeder Tag wieder anders aussieht. Wie ein Knochen liegt er neben uns, während wir die Unterschiede der Tage durchaus noch erfassen können. Es gibt Unterschiede in der Helligkeit, der Temperatur oder dem Verkehrsablauf. Der Gedankenknochen kann diese Unterschiede nicht erkennen. Er predigt immer dieselbe Geschichte vom bald bevorstehenden Tod. Wir können das allmählich nicht mehr hören.

Allerdings ist unser Zustand erstaunlich stabil. Schon seit geraumer Zeit leben wir unverändert auf einem hinsichtlich Lebensqualität zwar sehr niedrigen Niveau, aber immerhin, wir leben noch. Das scheint sich im Augenblick nicht ändern zu wollen. Die Schmerzen sind immer gleich, und an die geringen Kräfte haben wir uns gewöhnt. Im Gegenteil, wir haben gelernt, damit umzugehen, die wenigen Kräfte geschickt einzuteilen und die Schmerzen durch Vermeidung gewisser Bewegungen in einem erträglichen Rahmen zu halten.

So leben wir weiter vor uns hin. Jeden Tag ist es zuerst hell, dann dauert es eine Zeitlang, und schliesslich kommt die Nacht, vorher noch der Abend. Der kommt immer. Es gab bislang noch keinen Tag, der den Abend einmal ausgelassen hätte. In der Nacht hat es Tiere. Es sind meistens auch immer dieselben. Wir kennen sie schon, und sie kennen uns. Sie sind harmlos, und wir sind es auch. Wir kennen den Himmel mit den Sternen und haben keine Angst mehr vor dem schwarzen All. Das Nachtall sieht immer gleich aus, je nach Smog mal besser, mal schlechter zu erkennen. Manchmal verschieben sich die Sterne. Das macht uns aber keine Angst, denn es ist ein ganz normaler Vorgang.

Inzwischen haben wir eine braune, lederne Haut bekommen. Zwar können wir uns nicht mehr waschen, aber unsere Nase riecht auch nicht mehr so gut wie früher, so dass sich das wieder ausgleicht. Unsere Augen scheinen heller geworden zu sein, lichter, freundlicher, wenngleich wir das nicht mehr so genau sehen können. Aber wenn wir uns anschauen, haben wir den Eindruck von hellen, lichten Augen. Das gefällt uns. Es ist schön, im Alter helle Augen zu haben, auch wenn man stinkt. Früher haben wir manchmal auch gestunken. Das war viel peinlicher. Jetzt ist es uns nicht mehr peinlich, weil niemand mehr kommt, um uns zu besuchen oder um irgendetwas von uns zu wollen. Die Tiere stinken auch. Ausserdem können wir daran sowieso nichts ändern, selbst wenn wir es wollten. Es gibt schlimmere Dinge, als ein wenig zu stinken. Was macht das schon? Wem schaden wir dadurch? Wem wir zu sehr stinken, der kann ja weitergehen. Wir halten niemanden auf. Wir zwingen niemanden, an uns zu riechen.

Es stinkt sich viel freier und unbeschwerter als früher. Das ist ein Vorteil des Alters in diesem Stadtkontinent, auch wenn wir in unserer Jugend mit dieser Erkenntnis nie gerechnet hätten. Hätte uns damals jemand erzählt, wie penetrant und ungeniert wir im Alter stinken würden, es wäre uns sterbenspeinlich gewesen. Wir hätten es nie für möglich gehalten. Es wäre uns eine völlig unerträgliche Vorstellung gewesen, derart verkommen und abgestumpft leben zu müssen. Jetzt stinken wir unbelastet vor uns hin. Wir bekommen vom Stinken noch nicht einmal mehr ein schlechtes Gewissen. Vom Stinken ist auch noch niemand gestorben. Ausserdem sind wir nicht die einzigen, die stinken. Es gibt andere, die stinken noch viel schlimmer als wir. Das können sogar wir riechen. Und das will etwas heissen. Lieber stinken wir, als dass wir sterben.

107 Bilderverlust

Jetzt hätten wir Zeit und Musse, über unser Leben nachzudenken. Leider haben wir die meisten Ereignisse in unserem Leben schon vergessen. Wie soll man über sein Leben nachdenken, wenn man sich nicht mehr daran erinnern kann?

Wir denken hierhin und dahin. Wir können uns nicht mehr vorstellen, wie unsere Kindheit verlaufen ist, wo wir überhaupt aufgewachsen sind und was danach kam. Etwas mit einer Insel muss einmal gewesen sein. Wir erinnern uns dunkel an ein Meer. Eine weite Fläche mit viel Wasser. Aber wir können das Meer nicht mit einem geografischen Ort verknüpfen. Weit und blass war es, das Meer. Meistens ruhig und still. Wir können die Meere, an welchen wir uns aufgehalten haben, nicht mehr voneinander unterscheiden. Ausserdem können wir uns nicht lange auf die Meere konzentrieren, weil uns das zu anstrengend ist. Warum sollen wir uns jetzt noch anstrengen? Wir haben uns das ganze Leben lang angestrengt, jetzt ist es genug.

Wenn wir uns erinnern wollen, schweifen wir unwillkürlich ab. Dann wissen wir nicht mehr, woran wir uns überhaupt erinnern wollten. Wenn man aber nicht mehr weiss, woran man sich erinnern möchte, kann einem aus der Erinnerung nichts Gezieltes mehr einfallen. Wir treiben in einer immer bildärmeren Vergangenheit wie in einem dunklen All. Mal hierhin, mal dorthin. An ein gezieltes Erinnern, um aus der Vergangenheit bestimmte Ereignisse hervorzuholen, ist nicht mehr zu denken. Das sind nur noch Partikel, die im Weltall des Lebens orientierungslos herumschwirren und die Gedankenumwelt belasten. Es macht keine Freude, unter solchen Bedingungen blind und verblödet im Müll der Vergangenheit zu stochern, die keine vernünftigen Bilder mehr besitzt. Wenn die Gehirnreste nicht mehr mit Sinn und Verstand denken können, dürfen wir mit dem Denken aufhören. Wir müssen deshalb keine Anschuldigung oder Strafe befürchten.

Am Schluss wird alles immer einfacher: Vor uns liegt unsere Strasse. Es hat Leute und Verkehr, viel Verkehr. Das genügt. Mehr müssen wir von der Strasse nicht wissen. Man muss nicht immer alles wissen. Uns geht es viel besser, wenn wir nichts mehr wissen. Vor uns liegt die Strasse. Die Leute kommen und gehen von allein, wir müssen gar nichts dafür tun. Auch der Verkehr, die Temperaturen und das Licht. Das alles kommt und geht ganz ohne uns. Uns braucht es dazu nicht. Wir können der Strasse zuschauen oder uns aufs Ohr legen, wie wir wollen. Es ist allein unsere Entscheidung. Dazu braucht es kein Gehirn. Ob wir nun schauen oder schlafen, es wird keine unangenehmen Folgen für uns haben. Niemand ist da, der uns einen Vorwurf machen oder etwas Unangenehmes androhen würde. Noch nicht einmal im Inneren tut sich ein schlechtes Gewissen auf, das uns bestrafen möchte. Wir haben schon lange kein schlechtes Gewissen mehr gehabt. Und wenn die Erinnerung nicht mehr funktioniert, macht das nichts. Es ist niemand da, der uns fehlende Erinnerungen vorhalten würde. Auch ohne unsere Erinnerung an früher läuft alles auf der Strasse ab, wie es ablaufen will. Das beruhigt uns.

108 Unsere Toten

Wir denken an unsere Verstorbenen, mit denen wir früher eine Zeitlang in diesem Leben zugebracht haben. Nicht dass wir jetzt auf einmal wüssten, was uns damals zusammenführte und dann wieder voneinander trennte, aber wir merken immerhin, dass wir eine Zeitlang etwas zusammen erlebten und manchmal versuchten, uns die Welt zu erklären. Sehr klug sind wir dabei allerdings nicht geworden.

Natürlich konnten wir uns keinen der Todesfälle erklären. Wir standen immer ungelenk herum und haben uns hinterher über den Tod gewundert. Wo sind unsere Leute hin? Und warum sind sie fort? Wenn wir an sie denken, müssen wir uns erneut über das Leben und den Tod wundern.

Wir stellen uns vor, dass sie irgendwo weiterleben, weil uns diese Vorstellung von allen die angenehmste ist. Es ist gut, wenn man eine solche Vorstellung aufrechterhalten und mit sich durch den Tag tragen kann. Vor allem in unserem Alter ist so etwas sehr gesund. Wo kämen wir sonst hin? Wir müssten schon wieder beginnen, uns zu fürchten.

Wir haben in unserem Leben genug Angst gehabt, vieles nicht verstanden und wollen wenigstens am Schluss keine Furcht mehr haben. Wenn wir gewusst hätten, wie es eines Tages mit uns endet, auf einer x-beliebigen Strasse in einer riesigen Stadt zwischen Hunden und Hühnern, wir hätten uns nur halb so viel Sorgen gemacht. Was aber ist aus unseren Gestorbenen geworden? Das hätten wir gerne noch gewusst, sonst nichts mehr, nur noch das.

109 Hunde kommen und gehen

Wir sind nicht allein auf der Strasse, an der Mauer. Da gibt es noch ein paar andere Personen, die schon lange neben uns leben, so wie wir. Da ist nichts dagegen zu sagen. Wir haben schliesslich kein Anrecht auf die ganze Mauer, brauchen nur ein kleines Stück davon. Die anderen leben mehr oder weniger so wie wir. Vielleicht sind sogar Ehemalige darunter. Das können wir nicht mehr überblicken. Die Mauer ist zu lang. Wir wissen nicht, wer am Ende der Mauer lebt. Wenn es Ehemalige von uns sind, ist es schön, wenn nicht, macht es auch nichts. Wir haben keine Kraft mehr und müssen unsere Schmerzen ertragen. Es geht uns mehr oder weniger gleich schlecht. Das ist in Ordnung, wir beklagen uns nicht. Keiner hat einen Vorteil. Alle leiden mehr oder weniger an denselben Nachteilen, die Alter und Armut mit sich bringen. Wenn es auch anderen so geht wie uns, dürfen wir nicht jammern. Von unseren früheren Spaziergängen wissen wir, dass die Stadt voll ist mit Strassen, und die Strassen sind voll mit Leuten wie wir, die an Mauern leben. Wir sind nicht allein, bei weitem nicht.

Manchmal besuchen uns Hunde. Das ist kein Problem, für Hunde hat es immer Platz. Sie können bleiben, so lange sie wollen. Wir geben ihnen etwas vom Angefaulten. Die Hunde sind dankbar dafür. Es gibt Hunde, die bleiben länger bei uns. Nach einiger Zeit fangen sie an, uns zu bewachen. Das kommt uns nicht ganz ungelegen. So etwas kann einem nicht passieren, wenn man in einer Wohnung lebt. Meistens sind die Hunde allerdings genauso krank und schwach wie wir. Das passt gut zusammen. Solch ein Hund ist mit etwas Angefaultem schon zufrieden. Ein gesunder, kräftiger Hund würde mehr von uns erwarten. Das ginge nicht gut, das gäbe nur Ärger. So aber sind wir gemeinsam krank und schwach. Das gibt den Hunden und uns ein gutes Gefühl. Auch die Hunde fühlen sich wohl, nicht nur wir. Das sehen wir ihnen an. Deshalb können sie bleiben, so lange sie wollen.

Mit Hunden gibt es immer Abwechslung. Sie schnüffeln mal hier und mal dort. Sie finden Sachen im Sand, die wir nie gefunden hätten. Und so ein Hund an der Mauer ist auch ein netter Anblick.

Es kam auch schon vor, dass ein Hund plötzlich starb. Ohne Vorwarnung, einfach so. Das ist nicht schön, aber nicht zu ändern. Niemand kann einen toten Hund wieder lebendig machen, wir auch nicht. Natürlich sind wir traurig. In der Nacht kommen andere Hunde und ziehen den toten Hund fort. Wir haben keine Kraft, ihn festzuhalten, geschweige denn zu bestatten. Auch haben wir uns gemerkt, dass unter dem Sand etwas Hartes kommt. Daher können an unserem Standplatz keine Beerdigungen stattfinden, selbst wenn wir die Kraft dafür hätten. Wir verstehen das Wegziehen als Bestattung, weil der tote Hund in den lebenden Hunden weiterlebt und die lebenden Hunde am Leben erhält. So ist der tote Hund für das weitere Leben nützlich.

Wenn ein Hund geht, dauert es nicht lang und ein anderer folgt nach. Dann geht alles wieder von vorne los, aber es ist jedes Mal ein bisschen anders. Kein Hund ist wie der andere. Wir haben inzwischen schon manchen Hund kommen und gehen sehen. Wir haben die Hunde immer gut behandelt, deshalb müssen wir kein schlechtes Gewissen haben. Am Tod können wir nichts ändern. Aber wir glauben, dass die Hunde es wissen und nichts dagegen haben, dass sie in den anderen Hunden weiterleben.

110 Vielleicht hätte sich alles noch geklärt

Wir warten nicht mehr auf Erinnerungen, die gar nicht zu uns kommen können, weil sie den Weg nicht mehr finden. Wahrscheinlich haben wir im Alter die Phase der grossen Lebenserinnerungen verpasst. Unsere Grosseltern haben es besser gemacht und bei vollem Bewusstsein ausführlich erzählt, als sähen sie alles genau vor sich. Für uns ist es nun zu spät. Alles im Leben hat seine Zeit. Wenn wir uns anstrengen und etwas aus unserem Leben erinnern wollen, begegnen uns nur noch Partikel, wir haben es versucht. Es hat keinen Sinn mehr. Wir bekommen keinen roten Faden mehr hin.

Es wäre schön gewesen, in chronologischer Reihenfolge noch einmal das ganze Leben in kurzer Form vor dem inneren Auge ablaufen zu lassen. Dann hätten wir vielleicht einiges besser verstanden. Vielleicht wäre sogar manches, das wir uns seinerzeit nicht erklären konnten, plötzlich sinnvoll erschienen. Es müsste eine schöne Erfahrung sein, wenn sich aus der ganzen Ungerechtigkeit des Lebens plötzlich ein übergeordneter Sinn entwickeln, wenn am Schluss alles aufgehen würde. Dann könnte man sich beruhigt hinlegen und schlafen.

Schade, dass wir diesen Moment verpasst haben. Wir können noch lange in unserer Vergangenheit herumkramen, wir werden nicht mehr schlau daraus werden. Schlau waren wir nie, aber vielleicht wäre uns noch ein kleines, bescheidenes Licht aufgegangen. Das hätte uns immerhin gefreut.

Auf unserer Strasse werden wir nicht nach unserer Vergangenheit bewertet. Wir werden von niemandem mehr bewertet. Damit ist es glücklicherweise vorbei. Keine Polizei, kein Heim, kein Staat hat mehr Interesse an uns, auch keine Einzelpersonen, noch nicht einmal mehr Kinder. Niemand weiss, wo wir uns überhaupt befinden. Daher haben wir auch nichts mehr zu befürchten. Wir sind einfach da, so lange wir noch da sind. Und wenn wir einmal nicht mehr da sein werden, regt sich darüber auch niemand mehr auf.

Wir haben nichts mehr zu befürchten, alles auf der Welt und in unserer Strasse wird weiterhin so ablaufen wie bisher, das beruhigt uns: Auch wenn wir es wollten, wir könnten die Zukunft dieser Strasse gar nicht beeinflussen. Früher wollten wir viel mehr, als nur die Zukunft einer x-beliebigen Strasse in die Hand zu nehmen. Wir haben viel zu viel gewollt, das zeigt sich erst jetzt. Unsere ganze Lebensenergie haben wir in das Wollen gesteckt und wurden vom vielen Müssen geängstigt und auf Trab gehalten. Um das zu bemerken, mussten wir sehr alt werden. Wenn wir weniger gewollt hätten, wäre das Leben einfacher gewesen. Alle anderen von uns, die vor uns starben, sind diesem Gedanken nicht begegnet.

111 Es ging noch eine Weile mit uns weiter

Wir sind fest davon ausgegangen, dass wir bald sterben würden, lebten aber in Wirklichkeit noch eine ganze Zeitlang weiter. Damit haben wir nicht gerechnet. Wir waren überrascht und haben uns jeden Tag darüber gewundert. Von uns aus war alles zum Sterben bereit, aber es ging noch weiter, von Tag zu Tag, von Woche zu Woche. Es hat sich nicht mehr viel ereignet, und doch war jeder Tag noch einmal anders als der vorhergehende.

Wie lange wir noch gelebt haben, können wir nicht sagen. Wir wissen auch nicht mehr, wie wir gestorben sind. Das haben wir vergessen.

Autor und Verlag danken dem Fachausschuss Literatur BS/BL für die finanzielle Unterstützung bei der Drucklegung dieses Buches.

Über den Autor

Markus Stegmann, geboren 1962 in Backnang, lebt in Basel. Studium der Kunstgeschichte, Ur- und Frühgeschichte und Publizistik. Arbeitet als Kurator der Kunstabteilung am Museum zu Allerheiligen, Schaffhausen. Im selben Verlag erschienen von ihm: »Die Lachsen die Leichen« (Gedichte), »Les guerres, les chansons« (Gedichte), »Fuchsverbiss« (Gedichte). 2008 erschien sein erster Roman »Das böse Mädchen Gisela« (Verlag Nachtmaschine). Für sein literarisches Schaffen erhielt er mehrere Förderpreise.